Dein Herz hat tausend Fenster

Geschichten für Advent und Weihnachten

Dein Herz hat tausend Fenster

Geschichten für Advent und Weihnachten

Matthias Könning

Impressum

Jahr: 2020

ISBN: 9789403611693

Verlagsportal: Selfpublishing
Gedruckt in Deutschland

Die Deutsche Nationalbibliothek verzeichnet diese Publikation in der Deutschen Nationalbibliografie.

Inhaltsverzeichnis

Wenn du lange warten musst, pass auf,
dass dein Herz nicht verdurstet.

1 Vorwort

Liebst du Geheimnisse? Findest du es spannend, ein Geschenk in den Händen zu halten? Du bewegst es hin und her. Deine Neugier ist geweckt und du rätselst: »Was könnte es sein? « Mir geht es so, dass ich ein Geschenk gar nicht erst auspacken will, weil ich die Spannung und die Vorfreude möglichst lange auskosten möchte.

Ebenso spannend kann es sein, Türen in einem alten, unbekannten Haus zu öffnen und fremde Räume zu entdecken. Jedes Zimmer sieht anders aus und erzählt dir eine interessante Geschichte von denen, die darin einmal wohnten. Du spürst die Gespräche, die stattgefunden haben. Du findest dort Kummer und Freude, Verzweiflung und Langeweile, und viele Ereignisse hängen förmlich in Wänden. Die Erlebnisse stapeln sich bis unter die Decke, so dass keine zusätzlichen Worte mehr aufgenommen werden können. Manche Räume entdeckte ich in alten Schlössern und Burgen, die waren voller moderiger Geschichten und Geistererlebnisse, so dass es mich schauderte und zugleich faszinierte. Ich bin überzeugt davon, dass jedes bewohnte Zimmer auf der Welt bis zum Rande angefüllt ist mit Vergangenheit, Gegenwart und einer Ahnung von Zukunft. Du findest Träume und Visionen, Gesprächsfetzen und Gefühlswirrwarr und wie bei einem Wollknäuel den Anfang einer neuen Geschichte.

Mit Schatzkisten verhält es sich ähnlich und zugleich anders. Du musst sie aufschließen wie einen Raum. Das verbindet beide, aber der Inhalt ist völlig verschieden, allein schon auf Grund der Größe. Würdest du gerne einmal eine Schatzkiste finden und sie öffnen? Ich sehe von meinem

Schreibtisch aus in deine neugierigen Augen und spüre deine erregte Erwartung. Nun, in den nächsten Wochen darfst du jeden Tag eine Geschichte hören oder lesen. Es kommen Türen und Fenster vor, ein Hauch von Orient, Phantastisches über Schätze und verborgene Räume. Du wirst Neues entdecken, indem du deine Ohren aufsperrst, und einen netten Menschen bittest, dir etwas vorzulesen. Wahlweise öffnest du deine Augen wieder und liest selber. Solltest du dich jedoch dazu entschließen, dein Herz außen vor zu lassen, also völlig unbeteiligt zu sein, kannst du von meinen Geschichten keinen Gewinn haben. Aber ich weiß, dass dein Herz tausend Fenster hat. Von hier aus will ich mit meiner Geschichtenlampe in das eine oder andere Herzensfenster hineinleuchten und in deinen Herzkammern ein kleines Geschenk hinterlegen, in der Hoffnung, dass du dich darüber freust. Wenn du möchtest, werde ich dich also in den nächsten Wochen der Adventszeit begleiten. An den Sonntagen wirst du Ariko und Jorinda kennen lernen. Sie sind auch die Hauptpersonen des Heiligen Abends. Es wird Geschichten geben über Schatzkisten und geöffnete Herzen. Ich reise mit dir in die Vergangenheit und in ferne Traumzeiten. Wir erforschen verschlossene Türen und erwarten mit Spannung das Weihnachtsfest. Ich lade dich ein, mir zu folgen mit den Worten, die einst Jesus zu einem Taubstummen sprach: Effata – öffne dich!

Samstag vor dem ersten Advent
Sättige dich an der Freude deines Herzens
und lade dir dazu einen Gast ein.

2 Dein Herz hat tausend Fenster

Naomi besaß die Fähigkeit, in Parallelwelten zu reisen. Du wirst dich jetzt fragen, wie eine Parallelwelt aussieht und wie man dorthin reist. Nun, ich will es dir gerne erzählen.

Naomi lebte vor vielen Hundert Jahren in einer Stadt irgendwo am Mittelmeer. Sie war die Nachfahrin eines alten und untergegangenen Königshauses, welches aus der Syrischen Wüste stammte. Ihre Familie kannte noch die Kunst, sich mit den Urahnen in Verbindung zu setzen. Naomi konnte stundenlang in einen Brunnen schauen und sich tief in die Vergangenheit versenken. Dann tauchten Bilder auf von Ereignissen, die ewig zurücklagen und in keinem Buch aufgeschrieben waren. Sie sah Könige aus alten Zeiten, wie sie in den Krieg zogen. Sie sah Oasen, die längst vom Staub der Wüste bedeckt wurden, und hörte Lieder in unbekannten Sprachen, die ihr dennoch vertraut vorkamen. Alle aus Naomis Familie konnten das, aber vor Fremden hielten sie ihre Fähigkeit geheim. Sie hüteten dieses kostbare Geheimnis. Als Naomi das erste Mal die eindrucksvollen Visionen aus der Vergangenheit sah, erschrak sie sehr darüber, denn ihre Eindrücke waren so intensiv, dass sie das Gefühl hatte, selber mitten im Geschehen zu sein. Sie sah diese Bilder am Tag, und nicht wie bei anderen Menschen in den Träumen der Nacht. Sie konnte den Thron ihres Ururgroßvaters berühren und fühlte das alte Holz, das mit Goldplatten beschlagen war. Sie bekam die Audienz mit, wo eine Frau sich beim König beschwerte über eine ungerechte Wasserverteilung. Doch sein gütiger Gesichtsausdruck zeigte, dass er eine kluge

Lösung wusste. „Ah", sagte Naomis Mutter nur, „du bist Asurbanipal begegnet. Immer, wenn ich mich sorge, reise ich in Gedanken zu ihm und hole mir Rat. Ich frage ihn etwas, und er gibt mir Antwort. Es freut mich, dass du ihn gesehen hast. Beim nächsten Mal stellst du dich vor und bestellst viele Grüße von mir. Ich habe ihm schon von dir erzählt, so dass er deinen Namen kennt." Naomi konnte das kaum glauben, was ihre Mutter da sagte. Für sie war es die selbstverständlichste Sache der Welt, in die Vergangenheit reisen, und mit einem verstorbenen König zu sprechen, sich Rat bei ihm zu holen und in die Gegenwart zurückgehen. Ihre Mutter tat so, als sei das nichts Besonderes, aber für Naomi begann eine aufregende Zeit. Es dauerte lange, bis sie ihre große Familie aus Vorzeiten kennen gelernt hatte. Irgendwann war es auch für sie selbstverständlich, mit den Vorfahren regelmäßig Kontakt aufzunehmen.

Eines Tages saß sie wieder einmal an ihrem Brunnen und schaute hinein. Sie merkte nicht, wie sich lautlos ein alter Mann neben sie setzte. Er lebte als Wanderer, Pilger und Weiser, dem Leid und Freud in die Gesichtsfalten eingeschrieben waren. Tiefe Furchen durchzogen sein Gesicht. „Ah", sprach er Naomi an, die erschrocken aus ihren Gedanken erwachte, „du gehörst auch zu den Seherinnen. Das konnte ich gleich erkennen. Es liegt an deinem Gesichtsausdruck und dem, was sich in deinen Augen spiegelt. Du musst gerade etwas Schönes entdeckt haben. Stimmt's?" Noch nicht wieder ganz in der Welt nickte Naomi dem Wanderer zu. „Woher weißt du? Kein Fremder kennt unser Geheimnis. Wer bist du? Ich kenne dich nicht!" „Ich bin ein Reisender zwischen den Zeiten", entgegnete ihr freundlich der Alte, „heute bin ich hier und gestern war ich im Vorgestern. Gleich werde ich in der Urzeit sein, je nachdem, wohin mein Herz mich ruft." Solche Gedanken verwirrten Naomi. Wie ist es möglich, gestern im Vorgestern zu sein. Sie verstand kein Wort und schaute den Pilger nur fragend an. „Es ist kein Wunder, wenn du mich nicht verstehst. Doch weil du selber in die Vergangenheit reisen kannst, bist du mir herzens-verwandt und hast wenigstens eine Ahnung. Es gibt einen guten Grund, warum ich dich besuche. Mein Herz konnte deine Einsamkeit spüren und kennt deine verborgenen Wünsche.“ Wiederum wunderte sich Naomi, denn erst jetzt merkte sie, dass sie sich wirklich verlassen fühlte, und dass ihr viele Fragen durch den Kopf schwirrten. Der Fremde wurde ihr immer unheimlicher und zugleich vertrauter. Er schien wie aus einer anderen Welt und dennoch von ihrer Art. „Erzähle mir einfach“, sagte sie, „was mein Verstand nicht weiß, aber mein Herz wissen möchte.“ „So ist es recht“, antwortete der Alte. „Deine Gedanken werden es nicht begreifen, dein Inneres jedoch kann es sehen. Denn dein Herz hat tausend Fenster.“ „Mein Herz hat tausend Fenster?“ fragte Naomi. „Ja, dein Herz hat tausend Fenster. Es ist so, wenn du in die Traumbilder gehst, die ganz unten wohnen, befindest du dich mitten in deinem Herzen. Dort scheint es zunächst sehr dunkel zu sein, doch sobald du die eine oder andere Stelle berührst, öffnet sich ein Fenster und du kannst hinausschauen. Sieh her, wir sitzen jetzt gemeinsam am Brunnen. Wenn du nun das machst, was ich dir gesagt habe, also, wenn du in deinem Herzen angekommen bist, eine Öffnung gefunden hast und hinausschaust, erblickst du eine fremde Welt, eine so genannte Parallelwelt. Denn genau hier an dieser Stelle gibt es sogar mehrere davon. Jetzt in diesem Augenblick, an diesem Brunnen befindet sich in einer der Parallelwelten ein Reich, in dem Tiere miteinander sprechen können. Es sind geflügelte Wesen von durch-sichtiger Leichtigkeit. Ich sage nur Tiere, weil ich kein anderes Wort dafür kenne. Sie nennen sich selber ‚Mahaas‘ was so viel bedeutet wie ‚von den Göttern abstammend‘. An der Stelle, wo sich hier der Brunnen befindet, steht in der Parallelwelt ein heiliger Baum, der den Wesen dort jeden Tag himmlischen Nektar zur Verfügung stellt, der aus den Tiefen der Erde strömt. Die Mahaas ahnen nichts von unserer Existenz und wir – mit Ausnahme von dir und mir – wissen nichts von ihnen.

Und wenn du jetzt an einer anderen Stelle dein Herz berühren würdest, könntest du in eine neue Parallelwelt hineinschauen. Manche Welten sind jedoch äußerst gefährlich, wie zum Beispiel die Schlangenwelt. Im Augenblick schleichen sich um uns herum hunderte von Schlangen. Für sie liegt hier der mächtige Stein. Sie versammeln sich, um Gericht zu halten über Schlangen, die nicht grausam genug sind und bestraft werden für ihre Sanftmut.
Ich könnte dir jetzt noch viel erzählen. Denn hier an gleicher Stelle stehen nicht nur der Brunnen, der heilige Baum und der mächtige Stein. An diesem Ort befindet sich zugleich ein Schloss aus Alabaster, eine um das Überleben kämpfende Wiese, ein Ozean mit rotem Wasser und einiges mehr. Du wirst das alles selber entdecken."
Obwohl Naomi schon in die Vergangenheit reisen konnte, überstieg das ihr Vorstellungsvermögen. Angesichts der Fülle von Parallelwelten stieg ein Ohnmachtsgefühl in sie auf. Kein Mensch war in der Lage, zur gleichen Zeit so viele Visionen und Vorstellungen zu verkraften. Darum strich der alte Mann mit seiner knorrigen Hand über Naomis Gesicht und auf einmal waren die Bilder verschwunden und sie konnte wieder klar denken. „Das werde ich alles mit meinen eigenen Augen sehen?" fragte sie den Pilger. „Doch warum erzählst du mir das? Wozu ist das wichtig, dass ich in mein Herz reise und die tausend Fenster öffne? Ich glaube, ich könnte vor Verwirrung keinen Schlaf mehr finden." Jetzt klang Naomi sehr besorgt. Nachdenklich nickte der alte Mann. „Ja, ich weiß, dass ich dir viel zumute. Aber ich bin inzwischen alt geworden und merke, wie meine Kräfte schwinden. Ich brauche eine gute Helferin an meiner Seite. Ich spüre, du bist stärker, als du selber ahnst. Du gehörst zu einem mächtigen Königshaus, das die Tiefen der Seelen zu erwandern vermag. Das Leben der Parallelwelten ist ständig gefährdet. Wenn Sonne, Wind und Regen in einer bestimmten Reihenfolge aufeinandertreffen, kann es passieren, dass die Welten durcheinanderkommen und sich begegnen.

Die Parallelwelten dürfen sich nicht vermischen. Ich habe bisher dafür gesorgt, dass alles seine Ordnung hat. Was jedoch passiert, wenn sich über uns auf einmal der Ozean mit dem roten Wasser ergießen würde? Sämtliche Parallelwelten wären mit einem Schlag vernichtet." Das konnte Naomi gut verstehen. Dennoch fragte sie ihren neuen Freund: „Was kann ich denn tun, dass das niemals geschieht?" „Das ist nicht so schwer, wie du glaubst", entgegnete der alte Mann, „du wirst es sehr deutlich spüren, wie von selbst. Dein Herz fängt an, leicht zu zittern. Es klopft dann immer heftiger, bis du es nicht mehr aushältst. Sobald du die ersten Anzeichen merkst, musst du dich in das Innere deines Herzens zurückziehen, alle Fenster fest verschließen und abwarten. Es wird nichts geschehen, denn die geschlossenen Läden werden dafür sorgen, dass die Parallelwelten sich nicht begegnen. Hast du verstanden?" Naomi hatte verstanden, dennoch fürchtete sie sich ein wenig vor der großen Aufgabe, die sie erfüllen sollte. „Ja, aber was geschieht, wenn ich Angst habe oder deine Anweisungen nicht funktionieren?" fragte sie. Der alte Wanderer jedoch wusste auch auf diese Frage eine Antwort. Er holte aus seiner Umhängetasche etwas heraus, das aussah wie ein Schlüssel. Er war nicht aus einem Metall gearbeitet, sondern sah eher aus wie feines Glas, das fast unsichtbar wirkte. „In deinem Herzen gibt es eine Stelle, an der dieser Glasschlüssel passt. Sobald du dort den Schlüssel hineinsteckst und umdrehst, bleiben die Welten stehen. Nichts bewegt sich mehr. Erst, wenn sich alles beruhigt hat und du den Schlüssel zurückdrehst, werden sie sich weiterbewegen und nicht merken, dass sie für einen Augenblick stillstanden." Ehrfürchtig nahm Naomi den Schlüssel entgegen. „Hast du ihn schon einmal gebraucht und ausprobiert?" fragte sie. „Ja", antwortete ihr der alte Mann, „vor unendlichen Zeiten musste ich mein Herz verschließen und die Welten blieben für hundert Jahre stehen. Der rote Ozean geriet außer Kontrolle und brauchte lange, sich wieder zu beruhigen. Für mich fühlten sich diese hundert Jahre wie eine Ewigkeit an, doch niemand in der Außenwelt bemerkte etwas. Ich denke nicht gerne daran zurück und hoffe, dass du das nicht erleben musst. Na", zwinkerte er Naomi aufmunternd zu, „willst du jetzt vielleicht die vielen Welten besuchen? Habe ich deine Neugier geweckt? Du trägst nicht nur eine große Verantwortung. Vielmehr darfst du das Wunder entdecken, wie vielfältig das Leben sein kann. Du wirst immer wieder von Neuem staunen und deine Lebenszeit wird nicht ausreichen, mit allen Parallelwelten vertraut zu werden." Dabei bekam der alte Pilger ein Leuchten in seinen Augen.

So begann für Naomi die erste Reise in ihr eigenes Herz. Wie sie das machte, kann ich nicht sagen. Ich weiß es nicht. Man sagt, als sie alt geworden war, übergab sie den Glasschlüssel ihrer Tochter und die wiederum ihrer Nachfahrin. Irgendwo auf dieser Welt lebt wahrscheinlich eine Frau mit einem fast unsichtbaren Schlüssel und achtet darauf, dass sich die Parallelwelten nicht vermischen. Sind dir die Märchen aus tausendundeiner Nacht vertraut? Was glaubst du wohl, wo sie entstanden sind? Kennst du die Legende von Atlantis? Wo hatte sie ihren Ursprung? Hat sich jemand die grünen Männchen vom Mars nur ausgedacht? Ich habe einen großen Verdacht. Es gibt diese Parallelwelten und manchmal dringt doch etwas davon zu uns durch. Wir denken, es handelt sich nur um Märchen und Geschichten. Vielleicht versuchst du einmal selbst das, was für Naomi ganz selbstverständlich war. Geh den Weg in dein Herz und erkenne: Es hat tausend Fenster.

Der erste Sonntag im Advent

Eine Träne meiner Traurigkeit fange ich mit der Zunge auf.

Mein Herz verwandelt sie dann in Honig.

3 Effata - öffne dich, Teil 1

Kapitel 1: das Land der Sicherheit

Es war einmal oder es war keinmal, wer weiß das schon so genau, ein Geschwisterpaar, Ariko und Jorinda. Sie waren ganz normale Kinder, wie viele auf der weiten Welt. Sie hatten Eltern, sie gingen zur Schule, manchmal gerne, vor allem zum Sportunterricht. Oft fanden sie den Schulalltag auch langweilig und anstrengend, wenn sie irgendeine Arbeit schreiben mussten. Sie pflegten Hobbys wie Reiten und Schwimmen, spielten Blockflöte oder Geige, besaßen einen liebenswerten Patenonkel und eine nette Patentante. Also, eigentlich nichts Nennenswertes, jedenfalls nicht so besonders, als dass es sich lohnen würde, davon zu berichten. Dennoch möchte ich euch von den beiden erzählen, weil sie, im Unterschied zu allen anderen Kindern auf der Welt, einmal in ihrem Leben etwas Außergewöhnliches erlebten. Und das spielte sich so ab.

Ariko und Jorinda machten sich wie immer gemeinsam auf den Weg zur Schule. Unterwegs kamen sie an einer merkwürdigen Mauer vorbei. In dieser waren vier Türen aus Holz eingelassen. Niemals kam dort jemand heraus und niemals ging jemand hinein. Das machte ja auch keinen Sinn, denn hinter dieser Wand befand sich kein Haus. Auf der Rückseite der Mauer gab es die gleichen vier Türen aus Holz. Am oberen Rand stand ein Wort geschrieben, das die beiden nicht verstanden. Es hieß „Effata", und auf jeder Tür war ein Schild angebracht. Auf dem ersten Schild stand: »Land der Sicherheit«, auf der zweiten Tafel: »Land der Freude«; auf dem dritten Schild: »Land des Segens« und auf dem Vierten und Letzten:

»Land der Erwartung«. Die Mauer stand schon so lange in dieser Straße, so dass sie keinem mehr auffiel. Auch die alten Leute wussten nichts über dieses seltsame Bauwerk. Welchem Zweck diente sie? Wem gehörte sie? Man konnte nur sehen, dass die Mauern und Türen uralt waren und sich nicht öffnen ließen.

Eines Morgens hörte Ariko in der Schule im Religionsunterricht die Geschichte aus der Bibel, in der Jesus einen Taubstummen heilte. Dabei sprach er das magische Wort aus: »Effata – öffne dich«. „Aha“, dachte sich Ariko, „das ist also des Rätsels Lösung von der Mauer. Effata heißt: „Öffne dich.“ Und weil er gerne Detektivgeschichten las, fing er an, in der Religionsstunde davon zu träumen, wie er das Geheimnis der vier Türen entschlüsselt hatte. In seinen Bildern erschien ein unermesslich großer, unsichtbarer Schatz. Leider konnte er die Geschichte nicht zu Ende träumen, da Frau Heitmann, seine Lehrerin, ihn aufrüttelte, nachdem sie ihn drei Mal etwas gefragt hatte. Doch dieser peinliche Augenblick war nach der Schule schnell vergessen, während er auf seine Schwester Jorinda wartete. Als sie erschien, machten sie sich gemeinsam auf den Weg. „Effata heißt öffne dich“, lautete sein erster Satz. „Na und, wofür ist es gut, das zu wissen?“ fragte Jorinda ziemlich genervt, weil sie sich gerade mit ihrer Freundin gestritten hatte. „Erinnerst du dich denn nicht an das Wort auf der eigenartigen Mauer – Effata?“ „Ach so, das meinst du! Und jetzt, was willst du damit anfangen?“ „Frau Heitmann hat uns heute vom Taubstummen erzählt. Als Jesus das Wort »Effata« sagte, gingen dem Tauben die Ohren auf und er konnte wieder hören. Stell dir mal vor, wir stehen vor einer der Türen und sagen genau dieses Wort, was denkst du wohl, wird da passieren?“ „Wir werden es nur wissen, wenn wir es ausprobieren“, lautete Jorindas praktische Antwort und beschleunigte ihre Schritte, so dass Ariko ihr kaum folgen konnte. Als sie die Mauer erreichten, hielten sie atemlos an. Ungeduldig fragte Jorinda: „Nun, welche Tür zuerst?“ „Man fängt immer mit der ersten Tür an“, entgegnete

ihr Bruder, „das ist in jedem Märchen ein ungeschriebenes Gesetz. Also hier – Land der Sicherheit. Wir beide gemeinsam auf Kommando: Eins, zwei, drei! „Effata!“ So deutlich, wie sie es nur sagen konnten, sprachen sie das Wort aus. Und siehe da, es drehte sich der Knauf der Tür und es machte leise Klick. Nach den vielen Jahren, in denen keiner die Tür geöffnet hatte, ließ sie sich nur schwer aufstemmen. Ariko und Jorinda mussten all ihre Kräfte zusammennehmen, doch schließlich schafften sie es. Und was befand sich hinter der Tür? Sie vermuteten dort ihre bekannte Wiese, erblickten jedoch eine ihnen fremdartig scheinende Landschaft. Von der Tür aus führte ein langer Weg immer nur geradeaus. Links und rechts des Weges sahen sie einen hohen Zaun aus Stacheldraht, der mit Hecken so bepflanzt war, so dass man dahinter nichts erkennen konnte. Der Himmel sah grau aus und der Weg wirkte überhaupt abweisend und unfreundlich.
„Sollen wir wirklich?“ fragte Ariko ängstlich. „Na klar, du bist doch immer der tapfere Abenteurer, der Pirat und Cowboy spielen will. Jetzt zeig mal, was du drauf hast.“ Bei diesen Worten machte sich Jorinda fast einen halben Kopf größer und schlüpfte durch die Tür hindurch auf den gepflasterten Weg. Und Ariko direkt hinterher. Kaum hatte er den Weg betreten, ging wie von magischer Hand die Tür zu, so dass die beiden erschraken. Denn von dieser Seite gab es kein Zurück mehr. Die Tür besaß keinen Griff und kein Schloss und ließ sich nicht mehr öffnen. „Was machen wir jetzt?“ fragte Ariko, dem das Herz wieder einmal in die Hose rutschte. Jorinda ließ sich als ältere Schwester die Angst nicht anmerken und fasste einen mutigen Entschluss. „Da müssen wir durch. Der Weg führt immer geradeaus. Vielleicht kommen wir ja an das Ende der Straße oder der Stadt und hinten gibt es einen Ausgang. Folge mir! Bevor wir uns hier die Beine in den Bauch stellen, gehen wir lieber los.“
Gesagt, getan. Ariko und Jorinda machten sich auf den Weg in das Land, das den Namen »Sicherheit« trug. Die hohen Zäune, die sie sahen, sagten

alles. Die Menschen dahinter mussten große Angst haben vor irgendetwas. Entlang des Weges gab es kein einziges Tor. Nur Zäune und dichte Hecken, ohne Unterbrechung. Sie gingen fast eine Stunde, während sich gar nichts veränderte. So langsam wurde es den beiden unheimlich. Sie konnten kaum etwas hören. Kein Wind, kein Vogelgezwitscher, keine Stimme ertönte von der anderen Seite der Hecken her. Doch umkehren, dazu war es jetzt zu spät. Eine Weile danach standen sie auf einmal an einer Abzweigung. Links und rechts und auch geradeaus immer das gleiche Bild. Aber auf der Kreuzung, sie konnten es kaum glauben, sahen sie einen abgesägten Baum, der sich in der Mitte spaltete. Der Stumpf war knorrig und sah uralt aus. Dennoch fand die Sonne durch die grauen Wolken hindurch einen kleinen Spalt und beschien das Innere des Stammes. Und als Ariko und Jorinda staunend nähertraten, entdeckten sie, dass aus dem Baumstumpf eine rote Rose wuchs. Noch hatte sich die Blüte nicht geöffnet, aber man konnte sehen, dass sie sich bald in voller Pracht entfalten würde. „Welch ein Wunder in diesem angsterfüllten Land", sagte Ariko, und seine Schwester rief entzückt: „Ach, bist du eine schöne Rose, die wunderbarste, die ich je gesehen habe!"

„Ja? Findest du?" kam eine zaghafte Stimme aus dem Baumstumpf. Nein, sie verhörten sich nicht. Die Blume konnte tatsächlich sprechen. „Ihr seid die ersten Menschen, die mich sehen. Alle hundert Jahre wächst an dieser Stelle eine Rose, doch niemand hat jemals eine meine Vorgängerinnen entdeckt. Wie freue ich mich, dass es endlich passiert ist. Der Morgentau hat es mir jeden Morgen zugeflüstert. ‚Rose, Rose, die Erlösung kommt auf dich zu.' Ihr müsst einfach die Erlösung sein!" Ariko und Jorinda schüttelten nur den Kopf. „Das kann nicht sein, wir sind eher zufällig hier, und außerdem waren wir nur etwas neugierig", entgegnete Jorinda. „Es gibt keine Zufälle", so die Rose, „der Morgentau hat euch hierhergeführt, weil es eure Bestimmung ist. Bitte helft mir, meinen Duft zu den Bewohnern hinter den Zäunen zu tragen. Denn vor vielen hundert Jahren hauste an diesem Ort der Hauch der Angst. Er bewirkte, dass alle Einwohner dieses Landes sich in Sicherheit bringen und verstecken mussten. Der Hauch der Angst ist schon längst weitergezogen aber die Menschen haben es nie bemerkt. Ihnen hilft nur noch der Duft des Vertrauens. Zäune, Mauern und Hecken schaffen keine innere Geborgenheit, das kann nur das Vertrauen. Wenn die Leute nur einander vertrauen, wird sich alles zum Guten wenden." Bei der Vorstellung, helfen zu können, bekam Ariko glänzende Augen. „Was sollen wir tun, damit hier wieder Friede einkehrt?" fragte er. „Nichts leichter als das", meinte die Rose, „ihr müsst mich pflücken, und mit meinem Blütenkelch die Zäune berühren. Ihr werdet schon sehen, was geschehen wird. Wenn ihr mich pflückt, muss ich leider anschließend verblühen, dennoch werde ich dadurch meine Bestimmung erfüllen, und darauf kommt es im Leben an." Einen Moment noch zögerten Ariko und Jorinda, aber dann machten sie sich an die Arbeit. In dem Augenblick, als sie die Rose abbrachen, öffnete sich der Blütenkelch in all seiner Pracht. Mit der Blume in der Hand fingen sie an, die Hecken und Zäune zu berühren. Wie durch Zauberhand verschwan-den sie. Dabei verlor die Rose Blütenblatt um Blütenblatt. Doch hinter den Zäunen und Hecken tauchten auf einmal Menschen auf, die sich verwundert die Augen rieben. Alle verließen ihre Häuser, staunten und wunderten sich, dass die Welt mit einem Schlag so freundlich und wunderbar erschien. Auch das Grau des Himmels verwandelte sich in blaue Farbe und die Sonne schien mit all ihrer Kraft vom oben auf die Erde herab. Die Bewohner freuten sich so sehr über die Verwandlung, dass sie ihre Angst vergaßen. Sie gingen aufeinander zu, umarmten sich und tanzten ausgelassen zwischen den zaunlosen Gärten. Überall lagen verstreut die Blütenblätter der Rose und verkündeten den Beginn eines neuen Zeitalters: Leben in Sicherheit mit der Kraft des Vertrauens. Das Herz von Ariko und Jorinda erfüllte sich mit Freude und Dankbarkeit, zugleich auch mit ein wenig Wehmut über das Ende der

Rose. „Komm, Ariko, wir haben die Aufgabe erledigt. Lass uns schnell nach Hause gehen, sonst bekommen unsere Eltern Angst, weil es schon so spät ist", sagte Jorinda. „Ja, aber wie sollen wir das anstellen, die Tür ist sicherlich noch versperrt", meinte Ariko. Doch seine Schwester hatte so eine Ahnung: „Ich weiß nicht, mein Gefühl jedoch sagt mir, wir sollten einfach einmal nachschauen." Also machten sich beide auf den Rückweg, und als sie die Tür erreichten, bestätigte sich Jorindas Eingebung. Die Tür hatte sich einen Spalt weit geöffnet und sie hörten das Geräusch der Straße. Schnell passierten sie das Tor. Dieses sprang hinter ihnen zu und mit einem erfüllten Herzen setzten sie ihren Weg fort. „Morgen", dachte sich Ariko, „da besuchen wir das Land der Freude. Ich bin jetzt schon gespannt, was uns dort erwarten wird."

Montag, erste Woche
Ich warte auf jemanden, der kommt gewiss.
In mein Herz hinein schreib ich:
Sei mir willkommen.

4 Der größte Schatz des Königs

Es lebte einmal ein König, der sein Land viele Jahre mit großer Aufmerksamkeit und Liebe regierte. Als er jedoch alt geworden war, merkte er, dass seine Kräfte nachließen und dass die Zeit für ihn kam, einen geeigneten Nachfolger zu suchen. Er hatte drei Söhne und hoffte, dass sich einer von ihnen fähig zeigte, diese Herausforderung anzunehmen.
Nun, dem König gehörte eine Schatzkiste. Sie war so groß und schwer, dass man sie gerade tragen konnte. Etwas Besonderes zeichnete sie jedoch aus. Es gab nirgendwo ein Schloss zum Öffnen. Dennoch war der Deckel mit einem Riegel versehen, der winzig klein und unauffällig war.
Der König wusste genau, wie er einen geeigneten Kandidaten für das Amt finden konnte. Der Sohn, der in der Lage war, seine Schatzkiste zu öffnen, sollte wohl ein würdiger Nachfolger werden. So rief er den Erstgeborenen zu sich. „Ich vertraue dir diese kleine Truhe an. Wenn du es vermagst, sie aufzuklappen, werde ich dir mein Königreich übergeben." Nichts leichter als das, glaubte der Älteste, nahm die Kiste, klemmte seine Finger unter den Riegel und ... musste feststellen, dass er sich so nicht bewegen ließ. So sehr er auch rüttelte, der Verschluss bewegte sich keinen Millimeter. Da dachte er so bei sich: da hilft nur enorme Kraft. Auf den Inhalt kommt es an, nicht auf die Hülle. Also schmetterte er die Kiste mit aller Gewalt auf den Boden. Doch diese blieb heil und der kostbare Marmorfußboden erlitt einen langen Riss.

Daraufhin besorgte er sich die schärfste Axt, die er im Schloss finden konnte, um den Deckel damit öffnen zu können. Je mehr er allerdings darauf einschlug, desto stumpfer wurde die Axt, bis sie am Ende sogar entzweibrach. Die Schatzkiste bekam nicht einmal einen Kratzer.

Beim näheren Hinsehen stellte der Erstgeborene fest, dass die Truhe einfach aus Holz gemacht war, und wunderte sich über die Härte und Stabilität. 'Eine Möglichkeit bleibt mir noch', dachte er bei sich, 'Holz brennt'. Also errichtete er im Innenhof einen hohen Scheiterhaufen, zündete ihn an und warf die Kiste hinein, als die Flammen am höchsten schlugen. Gespannt wartete er den Augenblick ab, als das Feuer niederbrannte und er das Ergebnis entdecken konnte. Doch sein Erstaunen war groß. Als nur noch etwas Glut übrigblieb, lag die Kiste unversehrt obenauf. Nicht einmal erhitzt schien sie zu sein. Verdrossen und resigniert gab der Sohn die Schatzkiste seinem Vater zurück. Dieser war nicht minder enttäuscht und reichte die Truhe dem zweiten Nachkommen.

Durch die Erfahrungen seines älteren Bruders schlauer geworden, wusste dieser nun, dass da mit roher Gewalt nichts zu machen war. Er verließ sich lieber auf seine Klugheit und Geschicklichkeit. So begann er damit, den Mechanismus des Verschlusses genau zu untersuchen. Konnte er da eventuell ein verborgenes Schloss entdecken? Verbarg es sich vielleicht hinter einem kleinen Holztäfelchen? Kam es möglicherweise darauf an, mit einem bestimmten Tempo oder einer trickreichen Bewegung der Hand das Geheimnis des Öffnens zu entschlüsseln? Stundenlang tüftelte und probierte er herum, doch schon bald musste er seine Bemühungen einstellen. Er ging mit seiner Kiste zu einem Uhrmacher und zu einem Juwelier, er befragte sämtliche Feinmechaniker des Landes, aber nach eingehender Untersuchung bestätigte jeder von ihnen, dass die Aufgabe unlösbar sei. Am Ende seiner Weisheit und seiner

Möglichkeiten ange-langt, gab auch der Zweitgeborene die Schatzkiste zurück.
Mit großer Skepsis musste der König seine Kiste nun seinem Jüngsten anvertrauen. Dieser wirkte nicht sonderlich stark und zeichnete sich nicht durch besondere Klugheit aus. In seinem Land galt er eher als ein Träumer und Nichtsnutz.
Er hatte die Missgeschicke seiner Brüder verfolgt und wusste, dass weder Gewalt noch Feuer, weder Geschicklichkeit noch Nachdenken dem Verschluss etwas anhaben konnte. Er nahm also die Kiste unter den Arm und ging seines Weges. Da sah er am Straßenrand ein kleines Mädchen sitzen, das weinte und unaufhörlich nach seiner Mutter rief. Es gehörte zu einer Gruppe von Schaustellern und wurde bei der letzten Rast einfach vergessen. Jetzt hatte das Kind einige Zeit nach seinen Eltern gesucht und war am Ende seiner Kräfte.
Der junge Prinz hatte schon immer ein Herz für das fahrende Volk. Er stellte seine Kiste ab, tröstete das Mädchen und dachte nicht mehr an seine unlösbare Aufgabe. Als er sich entschloss, der Kleinen bei der Suche nach den Angehörigen zu helfen, vergaß er sogar fast seine Schatzkiste und schnappte sie sich im letzten Augenblick vor dem Aufbruch. Es dauerte einige Zeit, bis er das Mädchen heil und unversehrt den Eltern zurückgeben konnte. Während dieser Wochen lernte er das Land seines Vaters erst richtig kennen. Einmal half er einem Bauern bei der Ernte. Er reparierte ein gebrochenes Rad an einer Kutsche, teilte sein Essen mit einer armen, alten Frau und war so beschäftigt, dass er keine Zeit fand, sich auch noch um den Verschluss seiner Schatzkiste zu kümmern.
Der König hatte inzwischen die Hoffnung aufgegeben, seinen Jüngsten je wieder zu sehen. Darum freute er sich umso mehr, als er eines Tages müde und erschöpft von seiner langen Reise heimkehrte. Wortlos legte der Wanderer die Truhe vor die Füße seines Vaters. So konnte der König erkennen, dass das Schloss unversehrt war und auch von seinem dritten

Sohn nicht geöffnet wurde. Aber der Prinz erzählte von seinen Abenteuern und Erlebnissen und davon, was es alles in dem großen Reich zu verbessern gab. Am Ende der Erzählung angekommen bat der Vater seinen Sohn, es doch einfach noch einmal zu versuchen. Dieser bückte sich tief, hielt seinen Finger an den Riegel … und siehe da, er ließ sich mühelos bewegen. Es ging wie von selbst, ohne Gewalt, ohne Kraftanstrengung, ohne Technik und ohne Nachdenken. Wie überrascht war er jedoch, als er in die Schatzkiste hineinblickte. Kein Gold, keine Diamanten und keine Juwelen, sondern hunderte, ja tausende von kleinen Glöckchen. Friedlich lagen sie da. Das eine oder andere Glöckchen meldete sich hier und da und bewegte sich ohne eine Berührung von außen. Fasziniert schaute der Prinz auf diesen merkwürdigen Schatz. Auch der König hatte sich inzwischen über den Deckel gebeugt mit einem zutiefst beglückten und zufriedenen Gesichtsausdruck. „Jedes Glöckchen steht für einen Einwohner unseres Reiches. Immer, wenn sich eines meldet, weiß ich, dass es eine Not gibt, um die ich mich kümmern muss. Du hast die Not gesehen, ohne dass du um die Glöckchen wusstest. Dein Herz hat es dir gezeigt bei deiner Reise durch das Land. Du wirst also ein würdiger Thronfolger.“

So kam es, wie es kommen sollte. Der Prinz wurde König und bewahrte die Schatzkiste mit den vielen Glöckchen sorgfältig und mit großer Aufmerksamkeit. Er hoffte, dass auch er eines Tages einen geeigneten Nachfolger fand, der sein Geheimnis weiter hütete.

Dienstag, erste Woche
Mein Herz ist voller Ungeduld.
Ich lass es hüpfen, bis es müde wird,
und lege es auf ein Kissen mit Sonnenmuster.

5 Das Wunder von Santo Bartolo

Es liegt schon einige Jahre zurück, dass ich den Keller in unserem Pfarrhaus aufräumen musste. Im so genannten Zimmer der Heiligen stehen verstaubte Heiligenfiguren aus Holz und Gips. Sie befinden sich in einem erbärmlichen Zustand, weil die Farben im Laufe der Zeit abgeblättert sind. Ungeeignet für die Kirche oder für eine Andachtsecke in einem Wohnzimmer fristen sie nun ein trostloses Dasein im Pfarrhauskeller. Interessanter finde ich jedoch die alten Bücher in den Regalen. Zumeist vergilbt und angerissen legen sie Zeugnisse ab von einer längst vergangen Zeit. Ein kleines Skript befindet sich unter den vielen Folianten, welches von Anfang an meine Aufmerksamkeit fesselte. Es ist handgeschrieben und trägt auf dem Einband keinen Titel. Als ich es aufschlug, konnte ich nur mühsam die Überschrift entziffern, denn sie war in einer Schrift geschrieben, die heute nicht mehr gebräuchlich ist. »Das Wunder von Santo Bartolo - Tagebuchaufzeichnungen von Pater Friedhelm Schlieper vom Orden der Franziskaner.« Darunter standen folgende einleitende Sätze: Ich sende dieses Tagebuch an meine alte Heimatgemeinde St. Bartholomäus. Im Jahre 1480 wurde ich zum Priester geweiht im altehrwürdigen Rom. Von dort aus sandte mich der Ordensobere in die spanischen Lande, damit ich mich von da aus der Mission für die Neue Welt anschließe. In der andalusischen Stadt Sevilla, der königlichen, wurde ich der Entdeckergruppe von Christobal de Colon

zugeteilt, dessen Aufgabe es war, einen neuen Wasserweg nach Indien zu finden. Ich will hier nichts erzählen von der gefahrvollen und entbehrungsreichen Reise, sondern von Santo Bartolo, der Insel meines Herzens. Weil ich dieses kleine Eiland als Erster entdeckte, durfte ich ihr einen Namen geben. Die Schlieperinsel erschien mir zu banal und wenig poetisch angesichts der Traumstrände und der üppigen tropischen Vegetation. Ich erinnerte mich gerne an meine Heimat in Ahlen und an die altehrwürdige Bartholomäuskirche und nannte die Insel in spanischer Abwandlung: Santo Bartolo. An diesem Ort gab es kein Gold oder andere Schätze, die unsere gierigen Matrosen begehren konnte, sondern eine einträchtig und friedlich beieinander lebende Bevölkerung mit geringen Lebensansprüchen und fröhlicher Naivität. Niemand von der Schiffsbesatzung wollte auf dieser Insel bleiben außer meiner Wenigkeit. Ich spürte das unmittelbare Verlangen, diesen Ureinwohnern die Botschaft von der Erlösung unseres Herrn Jesus Christus weiterzusagen und den Rest meines Lebens dort zu verbringen in der Einfachheit, wie es der Heilige Franziskus tat. Wenn ich eines Tages die Welt verlasse, hoffe ich, dass dieses Tagebuch einen würdigen Platz findet in meiner Stadt Ahlen. Die Menschen in meiner Heimat sollen Zeugen werden meiner aufopfernden christlichen Arbeit bei den Kindern Gottes von Santo Bartolo. Es wird eine Geschichte sein von Zerstörung und Neuanfang, von Zauberei und Magie, eben von den Wundern der neuen Welt. So schlage nun diese Seite um und beginne mit dem ersten Kapitel.
Mein Wirken auf Santo Bartolo stand von Anfang an unter einem guten Stern. Die Menschen nahmen äußerst bereitwillig das Evangelium von Jesus Christus an, weil sie gesellig und friedliebend waren. Allerdings behielten sie ihre heidnischen Sitten und Gebräuche bei und ließen sich von mir in diesen Dingen nicht viel sagen. So wurde ich mit der Zeit einer von ihnen und gab mich zufrieden mit einer besonderen Art von Inselchristentum, welches es sonst wohl nirgends auf der Welt gab. So

verbrachten wir miteinander einige schöne Monate, bis sich plötzlich unsichtbare Schatten auf mein Paradies niederließen und das Herz der Menschen verdunkelte. Doch Aruscha, die weise Frau unseres Volkes klärte mich auf, dass dies alle vierzig Jahre geschah. Alle vierzig Jahre müssen die Erwachsenen das Eiland verlassen, um die Ahnengräber auf einer fernen Nachbarinsel zu besuchen, damit kein Unglück geschieht. Das stimmte die Bewohner natürlich sehr traurig, weil sie für diese Zeit ihre Kinder allein zurücklassen mussten in der Obhut einer alten Frau. Aruscha brauchte als einzige Einwohnerin nicht mitreisen, denn sie sollte ihre speziellen Aufgaben erfüllen als Hüterin der Insel. Da die See in diesen Tagen ungewöhnlich aufgewühlt war, verzögerte sich die Abfahrt der Erwachsenen und sorgte für ein noch höheres Maß an Unruhe. Bei der ersten sich bietenden Möglichkeit fuhren sie mit den Booten auf das Meer hinaus, denn das Gelübde musste eingelöst werden, auch wenn es allen schwer ums Herz war. Ich selbst wurde von einer dunklen Vorahnung erfüllt, und überspielte meine Sorgen mit übertriebener Fröhlichkeit. Aruscha und ich versammelten die Kinder am Abend um das Lagerfeuer, erzählten Geschichten und sangen Lieder, damit die Traurig-keit nicht um sich greifen konnte. Dass wir das taten, erwies sich im nach hinein als ein Segen. Ich befand mich gerade mitten in der Erzählung davon, dass Jesus seine Freunde im Seesturm rettete, als die Erde anfing, unter uns zu beben. Zunächst vernahm ich nur ein leichtes Grollen, das sich jedoch immer mehr verstärkte, bis die ganze Insel bis zu den Pal-menspitzen erzitterte.

Die Hütten brachen zusammen; in unseren Augen stand die Panik eingebrannt und wir krochen eng aneinander. So plötzlich, wie es gekommen war, hörte es auch wieder auf. Wir fühlten uns wie gelähmt und konnten uns nicht bewegen. Aruscha und ich besaßen nicht genug Arme, um alle weinenden Kinder trösten zu können. So harrten wir am Feuer aus, bis die Sonne über dem Horizont aufging. Erst da sahen wir das ganze Werk der Verwüstung. Kaum eine der Hütten stand noch. Die Vorräte wurden ins Meer gespült, die Wege waren zugeschüttet und die Insel zeigte nur ein Bild von furchtbarer Zerstörung. Die Kleinen riefen nach ihren Eltern, die sich ja weit weg befanden, und ließen sich nur schwer beruhigen. Ein Trost blieb uns, dass keiner durch dieses Unglück ums Leben kam, weil wir den Abend am Lagerfeuer verbrachten. Was also tun in dieser Notsituation? Ich war mit meinem Latein am Ende.

Doch nun kam die große Stunde von Aruscha. Jetzt zeigte sich, warum man sie die weise Frau nannte. Sie besaß nicht nur einen klugen Kopf, nein sie erwies sich zugleich als eine Magierin. In dieser schweren Situation sammelte sie die Kinder um sich. „Ich führe euch zu einem verzauberten Ort. Er befindet sich an der Stelle unserer Insel, wo das Leben seinen Anfang nahm. Hier wuchsen die ersten Bäume und die ersten Menschen kamen auf die Welt. Dorthin, wo wir jetzt gehen, entspringen die Quellen der Wasserläufe und Gott blies seinen Atem über alles Leblose. Dort werden wir Rettung finden."

So machten wir uns auf den Weg, das Herz angefüllt mit Angst, Mutlosigkeit und Verzweiflung. Wir erreichten diesen magischen Ort, den bislang niemand kannte, obwohl die Insel sehr klein war. Er lag so versteckt, dass nur Aruscha wusste, wo er sich befand. Der Ort erwies sich als eine Lichtung im Palmenwald. Mittendrin stand eine Kiste, die aussah wie eine Schatzkiste aus Piratenerzählungen. Für einen Augenblick vergaßen wir unsere Ängste und staunten über diesen Ort, bis Aruscha uns aufforderte, an diesem Ort Platz zu nehmen. „Diese Schatztruhe enthält alles, was wir brauchen, um neu anfangen zu können. Gott hat sie hier zurückgelassen für einen Tag wie heute. Wenn die Hoffnung verschwindet, wird er uns weiterhelfen. Also werden wir einmal die Kiste aufmachen und schauen, was sie hervorbringt. Streckt gemeinsam eure Hände aus und sprecht mir nach: Sesam, öffne dich!" Genauso taten wir es. Und siehe da, aus der Schatztruhe ergoss sich ein Bach mit frischem Wasser.

Erst jetzt bemerkten wir unseren Durst und freuten uns über das wunderbar köstliche Nass aus der Schatzkiste. Wir kamen aus dem Staunen nicht mehr heraus, weil die Kiste doch eigentlich dafür viel zu klein erschien. Einige der Jüngsten schauten neugierig hinein, aber sie konnten dort nichts Außergewöhnliches entdecken. „Was brauchen wir noch, liebe Kinder", fragte Aruscha. „Wir haben Hunger, wir wollen etwas essen", antworteten sie. Also schloss die Weise den Deckel der Kiste, alle riefen wieder gemeinsam: „Sesam, öffne dich!" und das nächste Wunder geschah. Dieses Mal purzelten Mango Früchte und Kokosnüsse über den Rand und kullerten direkt vor unsere Füße.

Jetzt besaßen wir wenigstens Nahrung und Wasser und aus meiner Sicht sah die Situation schon deutlich entspannter aus. Doch mein Blick richtete sich auf die zerstörten Hütten ringsum. Wo sollten wir unterkriechen, wenn der nächste Regen kommt. Wir brauchten Unterkünfte, da waren wir uns schnell einig und wiederum schloss Aruscha die Schatzkiste. Wir sprachen das Zauberwort und der Deckel öffnete sich. Heraus kamen kleine Kobolde in grünen Blätterkleidern und trugen Steine, Holzscheite und anderes Baumaterial mit sich. Es müssen Hunderte gewesen sein und in Windeseile erbauten sie neue, stabile Hütten für uns und wir halfen eifrig mit.

Nach dem Bauen und Werken spürten wir eine große Erschöpfung und die ersten Kinder dachten an ihre Eltern. Erneut breitete sich die Traurigkeit aus. Das bemerkte Aruscha sofort und sprach leise: „Jetzt werden wir etwas erleben, was ihr euch nicht vorstellen könnt. Das wird unser Herz besonders erfreuen. Wir rufen wieder gemeinsam: Sesam öffne dich!" So taten wir es. Die Kiste öffnete sich und siehe da! Zunächst stiegen wunderschöne Seifenblasen hoch; in jeder von ihnen saß ein Schmetterling und wie auf ein Kommando zerplatzten sie und die Falter breiteten ihre Flügel aus. In der Luft führten sie für uns einen Tanz auf nach einer für uns nicht hörbaren Melodie. Danach verschwanden sie zurück in das Innere der Kiste und heraus kamen bunte Blumenschlangen, die sich sanft um unsere Köpfe legten. Es folgten noch Traumfeen mit Wunderlichtern und Papageienvögel mit langen Federn in ihren Schnäbeln, die sich behutsam auf uns herunter gleiten ließen.

Ich weiß nicht, wie Aruscha das geschafft hat, aber die Kinder waren inzwischen wieder froh und zuversichtlich gestimmt. Ich jedoch machte mir weiterhin Sorgen um die zerstörten Wege. Welche Möglichkeit gab es noch, die Felder zu erreichen, die am anderen Ende der Insel lagen? Das Gemüse musste bald geerntet werden, wie allerdings sollten wir dahin gelangen? Aruscha schien meine Gedanken zu erraten, denn als wir erneut »Sesam öffne dich! « sagten, geschah Folgendes:

Wiederum erschienen Kobolde, dieses Mal breiter und stämmiger, und jeder trug auf seinem Haupt ein kleines Stück Weg. Diese Teile fügten sie aneinander und nach und nach entstand ein neuer Weg mitten durch den Wald.

Es hätte gar nicht besser kommen können. Wir bekamen zu essen und zu trinken, ein Dach über den Kopf und einen Weg zu den Feldern. Doch am im Blickkontakt mit Aruscha merkte ich, dass da etwas nicht stimmte. Schließlich spürte ich es auch. Es wiederholte sich das leichte Beben unter unseren Füßen. „Kinder, wenn wir nicht aufpassen, kann die Situation gefährlich werden. Haltet fest zusammen." Dabei bekam sie einen grimmigen Gesichtsausdruck. „Ihr habt gerade den Bebendrachen gehört. Er wohnt tief im Inneren der Insel. Er ist uralt und kennt wahrscheinlich den Weg zur Schatzkiste. Wir wollen den Deckel zuhalten, aber das wird nicht lange nützen. Wir müssen ihn füttern und ins Meer locken. Sobald er ins Wasser geht, löst er sich auf. Also schnell ans Werk und allen Mut zusammengenommen!"

Der Drache sah schrecklich aus. Aus seinem Riesenmaul spie er Feuer und Rauch. Schwarze Schuppen bedeckten seinen giftgrünen Körper und mit stechenden Augen funkelte er uns an. Wenn Aruscha uns nicht angestoßen hätte, wären wir durch seinen Anblick hypnotisiert worden und elendig zu Grunde gegangen. Also nahmen wir allen Mut zusammen, hielten dem Drachen die restlichen Mangos und Kokosnüsse hin und lenkten ihn Richtung Strand. Dort warfen wir die Früchte ins Wasser und der Bebendrache folgte.

Ihr könnt euch unsere Erleichterung vorstellen, als das Untier auf nimmer Wiedersehen in den Tiefen des Meeres verschwand. Wir waren erschöpft und am Ende der Kräfte. Wir erlebten an diesem Tag ein Wechselbad der Gefühle. Aber wir hielten zusammen und Gott hatte auf uns aufgepasst. „Nur noch einmal werden wir die Schatzkiste in Anspruch nehmen. Vielleicht schenkt der Allmächtige uns etwas, dass wir heute friedlich schlafen können.“ Also öffnete Aruscha die Kiste mit dem »Sesam öffne dich! « Und heraus schwebten hunderte von fast durchsichtigen Engelwesen, die fortwährend einen feinen Staub aus ihren Händen fallen ließen, der uns müde machte, so dass wir einschliefen und nichts Weiteres mehr mitbekamen.

Am frühen Morgen wurden wir geweckt, und es gab ein frohes Erwachen, denn über Nacht waren die Eltern zurückgekommen. Ich schlug drei Kreuzzeichen und Aruscha schien sich ebenfalls zu freuen, die Verantwortung für die Kinder abgeben zu dürfen. Wenn da nicht die neuen Hütten gestanden hätten und der Weg der Kobolde zu sehen wäre, hätte man glauben können, das war nur ein böser Traum. So erzählten wir es dann auch den Kleinen. Es war alles nur ein Traum. Das Leben hat uns wieder. Und so sangen wir das uralte Lied unserer Insel Santo Bartolo und dankten Gott für das Wunder des neuen Anfangs.

Mittwoch, erste Woche

Ich suche das Verlorene und finde es nicht.
Die Trauertränen verwandeln sich in einen Regenbogen,
der das Verlorene berührt.

6 Das verlorene Wort Gottes, erster Teil

Eine Zeitreise in die Vergangenheit

Ihr kennt mich und ihr wisst dennoch wenig von mir. Darf ich mich vorstellen? Ich bin das Wort Gottes. Ich stehe in der Bibel. Allein das Wort ‚Wort' kommt 740 Mal vor. Das ‚Wort Gottes' 105 Mal und das ‚Wort des Herrn' 257 Mal. Manchmal verstehen mich die Menschen ganz leicht; oft aber sind sie verzweifelt. Sie erkennen mich nicht, sie suchen mich, sie verstecken sich vor mir, es interessiert sie nicht. Alle haben Angst im Straßenverkehr, jedoch nur wenige machen sich Sorgen, dass ich verloren gehen könnte. Meine Existenz ist höchst gefährdet. Eigentlich müsste man mich auf die Liste der bedrohten Arten setzen. Nicht überall, aber in Europa ganz bestimmt. Dabei bin ich doch so wichtig, so wie das Salz in der Suppe, so wie das Benzin für den Motor, so wie warme Kleidung im Winter. Ob die Menschen heute noch große Lust auf mich haben? Nun, ich will euch gerne erzählen, was ich in letzter Zeit erlebt habe. Da gibt es so genannte Erstkommunion-Kinder. Die beschäftigen sich mit mir über Wochen und Monate. Da gab es einmal eine kleine Gruppe irgendwo in Deutschland, die sich mit einer Mutter am Tisch ihres Hauses traf. Sie hatte für diese Stunde eine Schatzkiste vorbereitet und alle Kinder warteten gespannt, was sie wohl damit vorhatte.

Feierlich begann sie dieses besondere Treffen mit den Worten: „In meiner Schatzkiste befindet sich etwas sehr Wertvolles; es ist das Wort Gottes. Ich will es euch zeigen.“ Die Mutter öffnete die Kiste und wunderte sich, dass sie auf einmal leer war. „Nanu, das Wort Gottes ist verschwunden. Es ist einfach nicht mehr da. Ich muss es irgendwo verloren haben. Ohne das Wort Gottes kann ich heute nicht mit euch arbeiten. Hat jemand von euch das Wort Gottes gesehen?“ Die Kinder riefen durcheinander: „Nein, keine Ahnung, kenne ich gar nicht, wie sieht es aus? Hat es eine besondere Form oder Farbe? Ist es leicht oder schwer?“ Die Mutter konnte alle diese Fragen nicht beantworten. Sie forderte die Kinder auf, es zu suchen. Wie sollten sie etwas finden, von dem sie nicht einmal wussten, wie es aussah? Dennoch halfen sie einfach mit. Sie stellten die ganze Wohnung auf den Kopf und zeigten der Mutter dieses und das, aber es war nicht das Wort Gottes. Nach und nach kamen alle wieder am Wohnzimmertisch zusammen und hielten Rat. Die Mutter hatte eine unbestimmte Idee. „Vielleicht ist es schon vor langer Zeit verloren gegangen. Vielleicht müssen wir in der Vergangenheit suchen. Ich weiß nicht, aber es wohnt hier ein alter Turmwächter an unserer Kirche, von dem man sich merk-würdige Dinge erzählt. Er besitzt eine eigenartige Uhr, mit der man in bestimmte Epochen der Vergangenheit reisen kann. Kommt, wir werden ihn besuchen.“

Ja, ich kenne diesen Turmwächter. Er ist ein treuer Diener der Kirchturmuhr. Kaum einer weiß, dass er viele Geheimnisse kennt. Er beschränkt sich in seinem Reden auf die Worte, die er spricht, wenn er an seiner Turmuhr dreht. Ein immer wiederkehrender Vers zum Beispiel lautet:

Wollt ihr das Verlorene suchen,
müsst ihr eine Reise buchen!
Ist der Weg auch noch so weit,
sucht in der Vergangenheit.

Nicht wahr? Eigenartig. Aber ich will euch von den Kindern und der Erstkommunionmutter weitererzählen. Sie trafen also auf den Turmwächter und fragten ihn: "Kannst du uns helfen? Wir haben das Wort Gottes verloren! Wir wollen es suchen. Wirst du uns deine Vergangenheitsuhr leihen?"

Skeptisch schaute dieser die Kinder an. „Das will ich gerne tun, aber nur unter diesen besonderen Umständen. Wenn das Wort Gottes verloren gegangen ist, müsst ihr es wiederfinden, sonst besteht für die Menschheit große Gefahr. Zuvor jedoch möchte ich euch erklären, wie die Uhr funktioniert. Stellt den Zeiger auf die Zeit, in die ihr reisen wollt. Dann hebt die Arme nach oben und dreht euch im Kreis. Dabei sagt ihr alle gemeinsam folgende Verse auf:

‚Zeit verschwinde, Zeit verschwinde,
dass ich das Vergangene finde!
Dort wo unser Zeiger hält,
betreten wir die neue Welt.'

Wir werden den Satz zusammen üben, aber wenn ihr euch auch nur einmal versprecht, bleibt ihr in der Leere der Zeit stecken und werdet einfach von der Erde verschwinden. Seid ihr so mutig und traut euch das zu?"

Die Kinder besaßen großen Mut. Gemeinsam mit der Mutter übten sie den Vers, bis sie ihn im Schlaf aufsagen konnten. Der Turmwächter wünschte ihnen Glück und verschwand in seinen geliebten Kirchturm.

Eines der Kinder fragte die anderen: „Wo wollen wir denn zuerst suchen? Wir haben ja keine Ahnung, wo es sein könnte." Doch die Mutter kannte sich ein wenig aus. „Wir müssen so weit zurück, wie es geht, an die Stelle, wo das Wort Gottes noch nicht verloren war. Vielleicht hin zu den ersten

Christen. In Antiochia, das liegt heute in Syrien, nannte man die Freunde von Jesus zum ersten Mal Christen. Dorthin reisen wir."
Also stellten sie die Uhr ein und machten alles so, wie der Turmwächter ihnen erklärt hatte.

‚Zeit verschwinde, Zeit verschwinde,
dass ich das Vergangene finde!
Dort wo unser Zeiger hält,
betreten wir die neue Welt.'

Als Wort Gottes kenne ich mich in Antiochia aus. Ein wahrhaft bedeutsamer Ort. Nicht zuletzt, weil Paulus hier gerne in der Synagoge predigte. Ich glaube, die Gruppe war da auf eine wichtige Fährte gestoßen.
Es funktionierte tatsächlich. Sie standen mitten in der Altstadt von Antiochia. Mit ihrer Kleidung wirkten sie etwas fremd in der Stadt. Darum verdrückten sie sich in die Ecke eines großen Platzes, um besser beobachten zu können und zugleich nicht so aufzufallen.

Donnerstag, erste Woche

Ich öffne das Fenster meines Herzens und schaue hinaus.
Dabei sehe ich jemanden,
der das Fenster seines Herzens öffnet
und zu mir hineinschaut.
Wir lächeln uns an, denn wir mögen uns.

7 Das verlorene Wort Gottes, zweiter Teil

Bei den ersten Christen in Antiochia

Da sahen sie, wie immer mehr Menschen in ein Gebäude gingen, das an der Außenmauer einen Davidstern trug. »Wort Gottes« und Synagoge, dachten alle gleichzeitig, das passt doch zusammen. So betraten sie mit einigen Männern und Frauen den Gottesdienstraum und beobachteten vom Eingang her das Geschehen. Es herrschte eine freudige Erwartung, denn der Apostel Paulus sollte an diesem Tag kommen. Viele waren neugierig und wollten ihm zuhören. Juden hatten sich dort versammelt und Heiden. Zwei Gruppen, die sich nicht immer gut verstanden. Die Kinder mit ihrer Mutter wunderten sich, dass sie jedes Wort verstehen konnten.

Mit Applaus hießen die Anwesenden den berühmten Apostel willkommen. Paulus setzte sich auf einem Hocker. Die Juden saßen im Halbkreis um ihn. Die Heiden standen etwas weiter von ihm entfernt und schauten ängstlich und besorgt drein.

Paulus begann mit seiner Predigt: „Jesus ist der Sohn Gottes, er ist gekommen, um alle Menschen zu befreien. Keiner braucht mehr Angst zu haben. Er ist von den Toten auferstanden und lebt mitten unter uns.“

Die Juden im Halbkreis nickten zur Bestätigung. In einigen Gesichtern las man großes Staunen! Da meldete sich zaghaft einer von den fremden Heiden: „Alle Menschen, hast du gesagt? Dürfen wir auch dazugehören?" Und ein Danebenstehender ergänzte: „Ja, wir wollen ebenfalls Gottes Wort hören!"

Paulus freute sich über diesen Wunsch und lud die Interessierten in der Synagoge ein, näher zu kommen. „Ja, kommt nur und setzt euch dazu, hört gut zu. Gott spricht zu jedem von euch. Wer an ihn glaubt und sich taufen lässt, wird gerettet."

So kamen die Heiden einen Schritt näher, doch sie hatten nicht mit dem Ärger der anderen Anwesenden gerechnete. Es gab lautstarken Protest: „Was, die sollen dazukommen? Das gab es ja noch nie! Die wollen wir nicht! Die kennen ja nicht einmal die Gesetze!" Das waren die noch eher harmloseren Misstöne. Paulus ließ sich jedoch nicht beirren. „Haltet ein, ihr Frommen! Gott liebt doch jeden Menschen, euch und diese Fremden dort auch. Wir dürfen sie nicht abweisen." Einer von den Juden stand auf. „Dann müssen sie sich erst beschneiden lassen!" Ein weiterer stand auf: „Und sie müssen die Gebote auswendig lernen!" Und ein Dritter ergänzte: „Sie dürfen kein Blut von Opfertieren mehr trinken!"

Doch Paulus erwiderte ihnen: „Kennt ihr denn alle Gesetze; sind das nicht viel zu große Lasten?" „Für Gott ist keine Last zu groß!" sagte da der erste Sprecher und verschränkte zur Bestätigung seine Arme. Die anwesenden Heiden wollten sich das nicht gefallen lassen. Ein Mutiger trat vor und entgegnete: „Wir verstehen euch nicht! Was für Gesetze? „Was für Beschneidungen? Wir dachten es ist bei euch durch die Botschaft von Jesus viel einfacher!"

Nun gingen die Worte hin und her. „Bitte geht, wir müssen uns jetzt erst beraten." - „Paulus hat gesagt, wir dürfen bleiben, also bleiben wir." – „Raus hier!"

Die Heiden jedoch schüttelten den Kopf und bewegten sich keinen Zentimeter. Da ertönte ein lautes Rufen vom Eingang der Synagoge her. Das waren doch tatsächlich die Zeitreisenden, die sich zu Wort meldeten. „Haltet ein, hört auf euch zu streiten! Wisst ihr, was ihr dort tut? Ihr vertreibt das Wort Gottes. Wo der Hass sich ausbreitet, verschwindet es einfach! Vielleicht kommt es nicht mehr wieder!" Das begriffen die Juden und Heiden, schauten sich gegenseitig an und nickten mit dem Kopf. Auch Paulus bestätigte: „Wer immer ihr seid, ja, ihr habt Recht, so geht es nicht. Gottes Wort ist kostbar. Nur wenn wir Frieden stiften, kann es wirken. Halten wir Stille und überlegen, was Gott von uns will." So kehrte Ruhe ein und die Versammelten senkten ihre Häupter.

Einer der Juden meldete sich schließlich: „Paulus, geh du nach Jerusalem zu Petrus und frag ihn. Er ist ein kluger Mann. Was er uns sagt, wollen wir tun." Alle Anwesenden fanden den Vorschlag gut und befürworteten ihn. Sie dankten den Kindern für ihr mutiges Eingreifen und planten friedlich die nächsten Schritte.

Auch die zeitreisenden Kinder freuten sich: „Gott sei Dank, fürs Erste ist das Wort Gottes gerettet und bekommt noch eine Chance." – „Ja, dass das Wort Gottes so gefährdet ist, hätte ich nicht gedacht." – „Kommt, wir haben hier unsere Aufgabe erledigt und können nun weiterreisen." – „Wo soll es jetzt hingehen?"

Die Mutter hatte eine Idee. „Es gab in Rom eine Zeit, da war das Wort Gottes besonderen Gefahren ausgesetzt. Die Christen wurden sogar dafür verfolgt." Schnell einigten sie sich auf Rom. Sie stellten die Uhr, erhoben die Arme, drehten sich und sagten gemeinsam:

‚Zeit verschwinde, Zeit verschwinde,
dass ich das Vergangene finde!
Dort wo unser Zeiger hält,
betreten wir die neue Welt.'

Die verfolgten Christen in Rom

Ich, das Wort Gottes, fand, dass es wieder eine gute Idee war, nach Rom zu reisen. Zu der Zeit traf man sich nicht mehr in den Synagogen, sondern in den Häusern. Paulus und die Apostel waren schon lange tot. Keiner dort kannte sie mehr persönlich, doch ihre Schriften, die sie hinterlassen hatten, wurden eifrig gelesen. Die Evangelien von Markus und Matthäus, Lukas und Johannes; und vor allem die Briefe von Paulus. Ihr denkt, das tut ihr auch! Ihr geht sonntags in die Kirche und hört dort das Wort Gottes? Das war damals in Rom irrsinnig gefährlich. Viele Römer bekannten sich heimlich zum Christentum. Doch sie kannten sich gegenseitig und besaßen aufgrund der Gefahren besondere Geheimzeichen. Ein Fisch im Mauerwerk eingeritzt zeigte an: Hier wohnt ein Christ, diesen Menschen kannst du vertrauen. War es ein Zufall oder war es gottgegeben? Unsere Zeitreisenden standen direkt vor einem christlichen Haus. Die Zeitmaschine konnte inzwischen erspüren, worauf es die Kinder abgesehen hatten bei ihren Reisen. Gerade zum Zeitpunkt ihrer Ankunft fing dort eine christliche Versammlung an.

Im Haus saß eine Familie erwartungsvoll und wartete. Die versammelten Christen schauten sich fragend an. „Hoffentlich kommen alle heil an", dachten sie bei sich. Der Ehemann teilte die Sorgen seiner Frau. „Ja, wir wollen zuversichtlich sein." Der erwachsene Sohn erinnerte sich. „Ich habe Angst. Auf der Straße patrouillieren römische Soldaten. Die Nachbarin meinte, sie sind verstärkt auf Streife unterwegs wegen der Christen. Diese sollen erneut einen Palast angezündet haben. Sein Vater kannte diese Gerüchte und ärgerte sich stets, wenn er etwas davon hörte. „Als ob wir Häuser anzünden. Das sind Märchen und Lügen. Warum ist der Kaiser so misstrauisch uns gegenüber. Wir sind doch harmlos." Die Mutter war skeptisch: „Ich weiß nicht, ob wir so harmlos sind. Die Kraft von Gott ist stärker als der Kaiser. Das Wort Gottes wird alles verändern,

auch hier bei uns in Rom." Da hörte der Sohn draußen Schritte. „Ich glaube, ich habe etwas gehört. Schnell löschen wir das Licht aus."
Eine Patrouille römischer Soldaten ging durch die Straßen und klopfte an die Haustüren. Bis in ihren Wohnraum hinein konnten sie die Stimmen der Soldaten hören. „Im Namen des Kaisers öffnet die Tür! Wohnen bei euch diese schrecklichen Christen?"
Schon hörten sie das Pochen am eigenen Tor. „Im Namen des Kaisers! Im Haus blieb alles still. Sie taten so, als sei keiner da. Noch einmal rief der Soldat: „Im Namen des Kaisers, öffnet die Tür!" Doch der andere Soldat schien genug zu haben von den Befragungen. „Hier ist niemand, kein Licht zu sehen. Für heute machen wir Schluss." Die Schritte der der beiden Männer entfernten sich und der Familie in ihrer Angst fiel ein dicker Stein vom Herzen. Zugleich hofften sie, dass die Gäste, die sie erwarteten, unbehelligt ihr Haus erreichen konnten.
Kurze Zeit später traf der erste Gast ein und brachte ein Brot mit. Alle umarmten sich und begrüßten sich mit: „Willkommen Bruder, willkommen Schwester". „Es freut mich, dass du an das Brot gedacht hast, damit wir Abendmahl feiern können. Sind dir die Soldaten begegnet?" - „Nein, Gott sei Dank nicht." Auch der nächste Gast, der mit einem Krug Wein kam, konnte von den Schergen des Kaisers unbemerkt ins Haus gelangen, weil der Weinhändler einen verborgenen Hinterausgang besaß. Die ungefähr zwanzig Personen begannen mit ihrer Feier. Da klopfte es erneut unerwartet. Die Menschen in dem Wohnraum schauten sich gegenseitig an. Es fehlte doch niemand. Wer konnte das wohl sein? Waren es die Soldaten, die es sich noch einmal neu überlegt hatten? Vorsichtig öffnete der Hausherr die Tür. Vor ihm stand ein Ehepaar. Die Angst war in ihrem Gesicht eingebrannt. „Lasst uns schnell herein. Wir sind eure Brüder. Wir sind auch Christen, wir sind den Soldaten um Haaresbreite entwischt. Wir haben das Geheimzeichen, den Fisch an eurer Tür gesehen. Helft uns! Dürfen wir eintreten?" Doch der Hausherr war auf der

Hut. „Man muss in diesen Tagen vorsichtig sein. Wir kennen euch nicht. Vielleicht seid ihr nur Spione des Kaisers. Sucht lieber woanders." Schon wollte er die Türe zuschließen, da traten unsere Zeitreisenden hinzu. Von der Straßenecke aus konnten sie alles hören und sehen. Eines der Kinder rief: „Halt Stopp! Mach die Tür nicht zu! Wir sind Christen wie ihr! Wir kommen aus der Zukunft. Aber wir brauchen euch. Wir wollen das Wort Gottes suchen und kennen lernen." Und ein anderes Kind ergänzte: „Ja, wenn ihr die Tür voreinander verschließt, gebt ihr dem Wort Gottes keine Chance. Es könnte verschwinden. Nur, wenn ihr euch gegenseitig ver-traut, bleibt das es bei euch. Ihr dürft uns glauben."

Da machte der Herr des Hauses ein nachdenkliches Gesicht. „Ich vermute, ihr habt Recht. Dennoch ist die Angst einfach zu mächtig. Kommt schnell herein. Danke, für eure mutigen Worte." Doch die Kinder entgegneten: „Wir danken für die Einladung; aber wir haben einen weiten Weg vor uns. Leider müssen wir schon wieder aufbrechen." Sie bekamen zum Abschied ein Stück von dem herrlich duftenden Brot und machten sich erneut auf den Weg. Dabei unterhielten sie sich über das Geschehene. „Schade, ich wäre gerne einige Zeit dageblieben." - „Ja, was die jetzt wohl so mit-einander tun?" – „Machen die es genauso wie wir in der Kirche?" – „Die haben ja gar keinen Pastor!"

Also erklärte die Erstkommunionmutter: „Das war damals noch nicht so wichtig. Sie haben einfach das Wort Gottes gehört, Brot geteilt und an Jesus gedacht. Aber wir müssen jetzt weiterreisen und mir kommt da eine wunderbare Idee. Wir gehen zu den alten Sachsen. Das sind unsere Vorfahren. Wir könnten schauen, wie das Wort Gottes vor langer Zeit zu uns nach Deutschland kam."

Alle Kinder fanden den Vorschlag prima und waren wiederum gespannt auf den nächsten Abschnitt ihrer Zeitreise. Schnell vollzogen sie das Reiseritual.

‚Zeit verschwinde, Zeit verschwinde,
dass ich das Vergangene finde!
Dort wo unser Zeiger hält,
betreten wir die neue Welt.

Freitag, erste Woche
Ich klopfe an mein Herz und frage:
Ist jemand zu Hause?
Da ruft es von innen:
Es ist gut, dass du kommst.

8 Das verlorene Wort Gottes, dritter Teil

Die Sachsenmission

Ich erinnere mich noch genau an diese schwierige und spannende Zeit, als ich, das Wort Gottes, zu den Sachsen kam. Worauf die Kinder sich da eingelassen hatten, ahnten sie mit Sicherheit nicht. Zu diesem Völkchen fällt mir nur ein: Mord und Totschlag; die kannten nur ein Hobby und einen Beruf: ab in die Schlacht. Wer als großer Krieger starb, kam nach Walhalla, in den germanischen Himmel. Ein Kämpfer wurde mit allem, was er besaß, beerdigt, um standesgemäß dort anzukommen. Pferde, Ausrüstung, Lebensmittel und wer weiß was sonst noch. Für die Angehörigen blieb nichts mehr übrig. Was taten sie also: sie führten Krieg – für die nächste Beerdigung.

Da hatte Kaiser Karl der Große viel Arbeit. Sein mächtiger Widersacher hieß Widukind, der berühmte Sachsenfürst. Unsere Reisegruppe sollte lieber keine Wertsachen einstecken. Die Reise könnte hier ein jähes Ende finden.

Ich versteckte mich also wieder und hatte von meinem Platz aus einen guten Blick auf eine sächsische Beerdigungsgruppe. Die Kinder mit ihrer Erstkommunion-Mutter befanden sich ganz in meiner Nähe. Sie waren genauso neugierig wie ich. Es musste die Beerdigung eines großen Kriegers sein, denn der Kaiser Karl persönlich und in seinem Gefolge der Missionar Liudger waren im Anmarsch.

Die Sachsen würdigten ihren Toten. „Ein wahrhaft großer Krieger." – „Ja, ein würdiges Ende." - „Er hat für uns große Reichtümer erobert." – „Er wird uns fehlen beim Kampf gegen die Franken und diesem verhassten Karl." – „Diesen Speichellecker und Großkotz." Und schon ertönte wieder das altbekannte sächsische Kriegsgeschrei: „Nieder mit den Franken. Es lebe Wotan, unser Gott des Krieges."

Mitten in diesem Geschrei erreichte der Kaiser mit seinem Gefolge und Liudger das Gräberfeld. Die Sachsen erhoben ihre Waffen und wollten sich direkt auf sie stürzen. Doch Karl saß hoch zu Ross und übertönte die Kämpfer. „Haltet ein, ihr Sachsen, erschlagen so tapfere Krieger einen Unbewaffneten? Ich möchte nur mit euch reden! Widukind, du Mutigster deines Volkes, tritt hervor. Dieser Missionar an meiner Seite der will euch etwas Wichtiges mitteilen." Für einen Augenblick wurde es still und Liudger begann mit seinen wohlüberlegten Worten. „Jawohl, was macht das für einen Sinn, was ihr da tut? Ihr spielt ständig Krieg und begrabt eurer besten Leute mit allem, was ihr besitzt. Die Folgen davon sind Armut und Hungersnöte. Anschließend zieht ihr erneut in die Schlacht. Euer Gott Wotan scheint sehr grausam und wütend zu sein. Ich kenne einen Gott, der nicht mit Willkür regiert. Wenn ihr an ihn glaubt, findet ihr Frieden."

Hämisch spottete Widukind in Richtung des Kaisers. „Wer ist größer und mächtiger als Wotan? Ein Schwächling ist euer Gott! Ich spucke auf ihn." Doch Liudger ließ sich nicht beirren. „Bevor du das tust, schau, was ich mitgebracht habe."

Er holte einen kleinen Knochen aus der Tasche: „Seht her, das ist der Knochen von einem mutigen Menschen aus Israel. Sein Name war Bartholomäus." Das reizte Widukind erst recht. „So ein Hühnerbein landet bei uns nicht einmal auf dem Misthaufen!" Worauf Liudger trotz der Demütigung seine Rede fortsetzte. „Dann will ich dir sagen, wer Bartholomäus war. Er glaubte an Gott und wurde dafür vom römischen

Kaiser bestraft. Der zog ihm bei lebendigem Leib die Haut ab und der Apostel ertrug den Schmerz ohne den geringsten Klagelaut. Er starb tapferer als der stärkste Krieger deines Volkes."

Doch Widukind blieb bei seinem Widerstand. „Ein Friese wie du, ein Verräter, wer kann da vertrauen? Ergreift eure Waffen, meine Brüder, und bereitet diesem Schwächling ein Ende wie diesem komischen Bartimu!"

Gerade als die Sachsen die Schwerter erhoben, machten sich wieder einmal unsere Erstkommunionkinder bemerkbar. „Halt stopp, Widukind!" – „Was ist, wenn Liudger die Wahrheit spricht?" - „Ist nicht schon genug Blut geflossen? Willst du dich bis an dein Lebensende in Kämpfe verstricken?"

Auch die Mutter ergriff das Wort: „Ich hätte da einen Vorschlag! Nimm diesen Knochen und bau dafür ein Haus. Dann habt ihr immer genügend Kraft. Den Liudger behaltet ihr da, damit er euch mehr von diesem Gott erzählt. Und wenn es euch in einem Jahr schlechter geht als heute, könnt ihr immer noch machen, was ihr wollt. Und eure Toten begrabt ihr in der Nähe dieses Knochens, so dass sie an der Seite eines starken Menschen ruhen."

Die Krieger schauten auf ihren Anführer. „Widukind, das ist keine schlechte Idee von dieser merkwürdigen Sächsin in dem fremdartigen Dialekt. Es käme auf einen Versuch an."

Widukind versammelte also seine Kämpfer zur Beratung um sich. Anschließend wandte er sich an den Missionar: „Bist du bereit, bei uns zu bleiben, Liudger?" Tapfer entgegnete dieser: „Ich bin bereit und werde euch alles von meinem Herrn erzählen. Folgt mir nach!"

So verließen sie das Gräberfeld und die Kinder blieben allein zurück, ich hielt mich natürlich dabei im Hintergrund. Man sah ihnen ihre Aufregung deutlich an. „Das hätte ich nicht gedacht, dass das Wort Gottes mit so vielen Hindernissen zu den Menschen kommt." – „Sind diese Sachsen

wirk-lich unsere Vorfahren?“ – „Wenn wir damals gelebt hätten, wären wir vielleicht schon gestorben!“ – „Und wenn wir hier nicht geholfen hätten, würden wir uns in unserer Zeit immer noch die Köpfe einschlagen!“ – „Was da jetzt wohl noch alles auf uns zukommt?“
Schließlich gelang es der Mutter, ihre Gruppenkinder zu beruhigen. „Ja, unsere Vorfahren waren ein kerniges Volk. Ich glaube, wir bleiben einfach hier am gleichen Ort und reisen in die Zeit der Reformation. Stellt mal den Zeiger auf diese Stelle.“
Genauso machten sie es. Sie bewegten ihre Zeituhr, erhoben ihre Arme, drehten sich im Kreis und riefen gemeinsam:

‚Zeit verschwinde, Zeit verschwinde,
dass ich das Vergangene finde!
Dort wo unser Zeiger hält,
betreten wir die neue Welt.’

Samstag, erste Woche
Die Tür meines Herzens klemmt.
Ein Stück Schokolade macht sie weich.

9 Das verlorene Wort Gottes, vierter Teil

Die Reformation

Ich, das Wort Gottes, will gerne noch etwas ergänzen. Ihr Nachfahren der Sachsen glaubt ja nicht, dass die Menschen damals sofort und aus Überzeugung sich zum christlichen Glauben bekehren ließen. Es dauerte viele Jahrzehnte, bis ich mich bei den Sachsen einprägen konnte. Dieses Volk beschäftigte sich so sehr mit dem Überleben, dass sich keiner für fromme Worte interessierte. Noch im 16. Jahrhundert vermochte kaum einer zu lesen oder zu schreiben. Nicht einmal die Pfarrer waren dazu in der Lage. Ihre Bildung war nur wenig höher als die der Bevölkerung. Und weil die Menschen gerne und oft sündigten, verkauften sie nette Briefe vom Papst in Rom, worin stand: ‚bezahlt so und so viel Geld, dann erspart ihr euch Zeiten im Fegefeuer.' Als ob man Gott kaufen könnte! Aber, was tut man nicht alles für einen sicheren Platz im Himmel. Vielleicht gäbe es immer noch die Ablassbriefe, wenn es nicht diesen Martin Luther aus Wittenberg gegeben hätte. Seine Ideen eroberten im Sturm das ganze Land. Die rebellischen Gene der alten Sachsen wurden zu neuem Leben erweckt. In der Gegend um das vergessene Sachsengrab schlug man sich erneut die Köpfe ein.

Die Kinder mit ihrer Erstkommunionmutter konnten sich an der gleichen Stelle verbergen, wie schon bei der Zeitreise zuvor. Jetzt stand dort allerdings in der Nähe eine aus Stein gebaute Kirche. Davor saß der Pfarrer auf einem Hocker und verkaufte Ablassbriefe.

„Liebe Gemeinde! Kommt und kauft diese Briefe! Einen Taler und nicht mehr, dann sind euch alle Sünden vergeben und ihr könnt wieder ins Wirtshaus gehen!“ Um ihn herum stand eine große Schar und wollten kaufen. „Mein Mann säuft wie ein Loch, jeden Sonntag. Wie viele Briefe muss ich kaufen, damit er nach dem Tod nicht in der Hölle landet?“ Daraufhin der Pfarrer: „Nimm zur Sicherheit vier - für jeden Sonntag in diesem Monat einen.“ So gab ihm die Frau das Geld und nahm die besagten Ablassschreiben.

Der Pfarrer befand sich in seinem Element und schaute streng einen Bauern an: „Heinrich, beweg deinen Hintern hierher! Du hast deinen Nachbarn betrogen. Das kostet dich zehn Briefe, sonst schmorst du in der Hölle und ich zeige dich zusätzlich beim Bischof an!“ Störrisch erwiderte dieser Heinrich: „Sag mir, was ist besser, bei deinem Wucher zu verhungern oder die Hölle zu sehen?“ – „Kauf diese Ablässe, dann verhungerst du vielleicht, aber du kommst in den Himmel. Dort kannst du essen, soviel du willst.“ Und Heinrich zog seinen Geldbeutel.

Das Geschäft lief. Viele Menschen kauften viele Briefe. Das hätte noch Stunden so weitergehen können, wenn da nicht plötzlich eine Gruppe von aufgebrachten Leuten mit Mistgabeln in ihren Händen erschienen wären. Einer packte den Priester am Kragen und zog ihn hoch von seinem Stuhl. „Wir werfen diesen Ausbeuter in die Lippe.“ „Ja“, ergänzte ein anderer: „Der wirtschaftet nur in die eigene Tasche. Der Fettsack benötigt das viele Geld für Frau und Kinder!“ – „Ha, was sagst du da! Frauen und Kinder!“

Einer der Mistgabelträger rief zu den umstehenden Bauern: „Glaubt ihr an ein solches Geschwätz? Luther sagt, dass man Gott nicht kaufen kann. Wenn ihr zu Gott betet, vergibt er euch! Was braucht ihr noch diese Kirche und ihre jämmerlichen Pfaffen? Und der große Pfaffe in Rom sahnt auch kräftig ab!“

Die Frau mit den Briefen für ihren alkoholfreudigen Mann und Heinrich schauten sich an: „Wenn das wahr ist, dann lasst uns den Pastor an den nächsten Baum hängen, wozu brauchen wir den noch."

Es entstand ein richtiger Tumult auf dem Kirchplatz und der Pfarrer machte eine denkbar schlechte Figur. „Hängt ihn auf, hängt ihn auf!" Schon nahm ein Bauer einen Strick zur Hand und Schlimmes wäre geschehen, wenn sich nicht wieder einmal unsere Erstkommunionkinder eingemischt hätten.

„Ihr seid wohl verrückt!" – „Egal, wer von euch Recht hat. In der Bibel steht, du sollst nicht töten!" – „Wenn keiner von euch die Heilige Schrift kennt, wie wollt ihr wissen, was Gott sagt? Ihr solltet euch ein wenig schlauer machen und einmal genau nachdenken!"

Die Erstkommunionmutter ergänzte: "Vielleicht solltet ihr mit eurem Pastor gemeinsam in der Bibel lesen und euch darauf besinnen, was Jesus gesagt hat. In der Kirche liegt ein solches Buch, aber mir scheint, dass es schon ziemlich verstaubt ist." Dann redeten alle auf dem Platz durcheinander: „Die Bibel, die Bibel, in unserem Gotteshaus? Kommt, wir wollen einmal nachforschen, was dort steht über Sündenvergebung." Der Gedanke ans Aufhängen des armen Pastors verschwand für den Moment und friedlich gingen die Leute gemeinsam in die Kirche. Die Kinder blieben zurück und tauschten wiederum ihre Erfahrungen aus.

„Bei mir in der Klasse gibt es auch Protestanten, aber ich glaube, da ist kein großer Unterschied." – „Deren Kirche finde ich ziemlich kahl. Bei uns ist es gemütlicher." – „Schöner fände ich es, wenn wir noch mehr voneinander lernen könnten. Martin aus meiner Schule ist evangelisch und kennt viele Geschichten von Jesus."

Die Mutter kommentierte: „Jetzt wisst ihr aber, was man damals dachte. Die Menschen zu jener Zeit waren sehr abergläubisch. Also war es besser, alles aus der Kirche herauszuwerfen, was von Jesus und vom Wort Gottes ablenkte. Ich glaube, unsere Reise neigt sich dem Ende entgegen. Es wird

Zeit, in die gewohnte Umgebung zurückzukehren. Vielleicht erwischen wir in der Gegenwart das Wort Gottes." Zum letzten Mal vollzogen die Zeitreisenden ihr Ritual.

‚Zeit verschwinde, Zeit verschwinde,
dass ich das Vergangene finde!
Dort wo unser Zeiger hält,
betreten wir die neue Welt.'

Ein Schulhof in der Gegenwart

Nie war ich, das Wort Gottes, sicher, nicht in Antiochia, nicht in Rom, nicht bei den Sachsen, nicht in der Reformation. Und heute? Alle können doch lesen und schreiben! Welch ein Privileg! Die Bibel ist das meist verkaufte Buch in der Welt. Aber ist es auch das Meistbeachtete? Mal sehen, ob unsere Zeitreisenden Glück haben in der Gegenwart. Befinden wir uns nicht gerade auf einem Schulhof und es ist gerade große Pause? Die Kinder sind inzwischen eingetroffen.
Eine Gruppe von Kindern spielte mit ganzer Leidenschaft Fußball. Am Rande unterhielten sich andere. „Geht jemand von euch am Sonntag zur Kirche? Ist Familienmesse!" – „Ich kann nicht kommen, wir haben Handballturnier, da darf ich nicht fehlen." – „Ich muss auch zum Turnier." – „Mama und Papa wollen am Sonntag immer lange schlafen. Papa sagt, wenigstens einmal in der Woche haben wir unsere Ruhe." – „Ich muss in den Reitstall, das schaffe ich nicht bis um 11.00 Uhr." – „Wenn man in der Kirche wenigsten einen Ball mitnehmen dürfte, dann wäre es auch nicht so langweilig." – „Au ja, Ball spielen in der Kirche! Das fände ich echt stark!" – „Ja, und für meine Eltern müssten dort ein paar Betten stehen, damit sie sich ausschlafen könnten."

Da meldete sich auf einmal ein Junge bei den Fußballspielern. „Darf ich bei euch mitspielen?“ Doch die Spieler schüttelten den Kopf. „Hau ab du alte Petze, wir wollen dich nicht dabeihaben. Außerdem schießt du immer daneben.“ Die anderen Kinder stimmten ein: „Ja, hau ab, wir brauchen dich nicht!“ Da fing der Junge an zu weinen. Einige wiederum wollten ihn trösten. So entwickelte sich ein richtiger Streit.
„Ihr seid wirklich blöd.“ - „Ihr kümmert euch nur um euch selbst.“ – „Ihr seid gemein.“ – „Wenn alle mitspielen, ist es viel schöner.“ Doch die Fußballspieler lachten und johlten nur.
Die Kinder der Zeitreise beobachteten genau, was dort geschah und die Mutter fragte sie: „Habt ihr etwas gemerkt? Habt ihr gehört und gesehen, was hier passiert?“
„Ja, die sind ziemlich egoistisch.“ - „Die hacken ja furchtbar aufeinander los.“ - „Und außerdem interessiert sich niemand für das Wort Gottes.“ – „Ja die haben einfach viel zu viel zu tun.“ – „Bei uns in der Familie ist es manchmal auch so. Keiner hat Zeit, alle sind ständig unterwegs.“ – „Bei uns ist es auch immer ziemlich hektisch.“ – „Mama kutschiert uns den ganzen Tag in der Gegend herum und sagt abends immer, sie ist doch kein Taxiunternehmen.“ - „Und die Kinder auf dem Schulhof finden Kirche einfach langweilig.“
„Das habt ihr gut beobachtet.“ Die Mutter schaute sehr nachdenklich aus. „Ihr habt da ziemlich viel gesehen. Habt ihr jetzt vielleicht eine Idee, was mit dem Wort Gottes passiert ist?“
„Ja, es bleibt nicht gerne bei den Menschen, wenn sie miteinander streiten.“ – „Es ist traurig bei mangelndem Interesse.“ „Es flieht, wenn sich keiner mehr Zeit nimmt ...“ - „Dann verschwindet das Wort Gottes einfach. Es macht sich unsichtbar, es braucht interessierte Zuhörer, sonst spricht es nicht. Wenn niemand zuhört, kann das Wort Gottes nicht wirken? Wir machen einmal einen Versuch. Überlegt, was ihr interessant findet an Gott, was ihr wissen möchtet und wobei er euch helfen soll,

oder wofür ihr ihm danken wollt. Denkt intensiv daran, dass er tief in eurem Herzen wohnt. Dann mache ich meine Schatzkiste auf und wir schauen, ob etwas geschieht." Alle Kinder schlossen also die Augen, dachten an ihre Sorgen und an das, wofür sie dankbar waren. Anschließend öffnete die Mutter behutsam die Schatzkiste und holte ein Blatt Papier heraus. Andächtig lasen sie es gemeinsam:

„Gottes Wort ist wie Licht in der Nacht,
es hat Hoffnung und Zukunft gebracht,
es gibt Trost es gibt Halt in Bedrängnis Not und Ängsten,
ist wie ein Licht in der Dunkelheit."

Dieser Vers gefiel allen, und sie bewahrten es tief in ihren Herzen. Und für mich, das Wort Gottes, hat sich diese Reise mit den Kindern gelohnt? Allemal. Das sehe ich als meine Aufgabe an. Ich verstecke mich, damit man mich sucht. Ich erscheine, wenn ich gebraucht werde. So lebe ich schon viele Jahrtausende. Ich bin da, mein Meister will es so. Aber, ob die Menschen Verwendung für mich haben, das hängt nicht von mir ab, sondern von dem, der mich sucht.

Der zweite Sonntag im Advent

Mein Herz macht einen Sprung

und es landet bei dir.

10 Effata – öffne dich, Teil 2

Kapitel 2: das Land der Freude

Als Ariko und Jorinda am ersten Abend ihres Abenteuers zu Hause ankamen, schworen sie feierlich, niemandem etwas zu erzählen von dem, was sie gemeinsam erlebt hatten. Das Geheimnis wollten sie lieber für sich behalten. Sie verbrachten eine schlaflose Nacht und der nächste Vormittag in der Schule schien für beide fast endlos zu sein. Was wird sich wohl hinter der Tür im Land der Freude verbergen? Leben dort Menschen in unendlichem Reichtum? Würden sie Gold und Edelsteine finden? Nun, was immer sich auch in jenem Reich verbarg, es musste bis nach dem Klingeln der letzten Schulstunde warten. Doch dann war es schließlich so weit. Dieses Mal wartete Jorinda auf ihren Bruder und beide machten sich schnell auf den Weg zu der geheimnisvollen Mauer mit den vier Türen. Inzwischen wussten sie ja genau, wie sie sich öffnen ließen. Man musste nur das Wort „Effata" laut und deutlich aussprechen und wie von Zauberhand klickte es und die Tür ging auf. Am heutigen Tag war es genauso wie am ersten Tag. „Effata" – und die Tür sprang auf. Wiederum stemmten sie mit aller Kraft die Tür auf, die seit Jahrzehnten oder Jahrhunderten nicht bewegt wurde. Doch an diesem Tag sahen sie ein völlig anderes Bild. Erneut gab es einen Weg, der von der Tür ausging. Auf diesen schlüpften sie und das Tor ging hinter ihnen zu. Feucht war es auf dem Weg, weil es dort wie in einer Tropfsteinhöhle aussah. Ständig fielen Tropfen von der Decke. Einige fühlten sich an wie Sprühregen, andere platschten dick und fett auf ihre Gesichter. Links und rechts des

Weges hatten sich inzwischen so viele Tropfen angesammelt, dass sie bis zu einer Mauer wuchsen, die bis in den Himmel ragte. Das gibt es doch gar nicht, eine Wand aus Tropfen? In dem Land gab es das wirklich, denn die Regentropfen verbanden sich nicht miteinander und ließen sich genau unterscheiden. Sobald sie auf dem Boden ankamen, erstarrten sie wie ein kleiner Diamant. Ein Tropfen fiel Ariko direkt auf die Nasenspitze. Er nahm eine Kostprobe und stellte fest, dass er salzig schmeckte. Waren das alles salzige Tropfen, die da vom Himmel kamen? Es musste wohl so sein, denn als Jorinda mit der Hand einen Tropfen auffing probierte auch sie und bemerkte, dass das Wasser wie nach Meer roch. „Das ist allerdings äußerst merkwürdig. Auf der Tür stand, wenn ich mich richtig erinnere: Land der Freude. Aber, was wir hier sehen, kann ich nicht mit Freude verbinden. Dieser Ort stimmt mich traurig und verlassen. Hier gibt es weder Gold noch Silber. Ich höre keine Vögel, die zwitschern und es fehlen Menschen, die lachen und singen." Den Eindruck von Jorinda konnte Ariko nur bestätigen. Auch er spürte nach dem anfänglichen Staunen über die merkwürdigen Tropfen ein etwas beklemmendes Gefühl.

Da erblickten sie auf einmal vor sich einen alten Mann mit einem Wanderstab in der Hand. Ein breitkrempiger Schlapphut saß auf seinem Kopf und er ging langsam und tief gebeugt. Als Ariko und Jorinda den Mann einholten, sahen sie, dass er am Hut eine große Muschel trug. Sie freuten sich, endlich ein lebendiges Wesen zu treffen und grüßten ihn freundlich. „Kannst du uns sagen, ob wir uns im Land der Freude befinden? Bist auch du dahin unterwegs? Was sind das für merkwürdige Tropfen links und rechts des Weges?" Sie stellten so viele Fragen, dass der alte Mann sie zunächst einmal verwirrt anschaute und aus seinen tiefen Gedanken aufwache. „Ach Kinder, wisst ihr denn nicht, wo ihr euch befindet? Diese Gegend nennt man das Land der Tränen. Alle Tränen der Welt sammeln sich hier an. Wenn ein Kind auf der Erde unglücklich ist und nicht getröstet wurde, wandern die Tränen hierher und warten darauf, getrocknet und verwandelt zu werden. Es betrübt mich, dass so unzählige Menschen in ihrer Verzweiflung keine Tröster finden. Aber so ist das eben. Auch ich habe viel Traurigkeit erlebt und jetzt bin ich zum Pilger geworden. Die Muschel an meinem Hund sagt es jedem; ich bin ein Wallfahrer auf der Suche nach dem Land der Freude. Es liegt vor uns jenseits der Tränenmauer." Einen solch langen Satz hatte der alte Mann schon seit Jahren nicht mehr gesprochen. „Ja, aber wenn es so viele Tränen gibt, wird der Weg zum Land der Freude doch versperrt", stellte Ariko fest, „so werden wir dieses Land nie erreichen!" „Das kann wohl so sein", entgegnete der Wanderer, „man darf die Hoffnung jedoch nicht aufgeben. Die Menschen in der Welt sollten sich mehr gegenseitig helfen; das würde die Tränenmauer zerstören." ‚Trost zerstört die Tränenmauer'. Jorinda kam ins Nachdenken und entwickelte eine Idee. „Wenn wir sie streicheln und an all die traurigen Kinder und Erwachsenen denken, würde das etwas verändern?" Sie wartete nicht erst auf eine Antwort. Sie suchte sich eine Stelle an der Wand aus und begann sachte, die Tränen zu berühren. Ariko und der alte Mann schlossen sich ihr an und halfen mit. Sie konnten es förmlich unter ihren Händen merken, wie die Tropfen weich und feucht wurden, zu Boden fielen und sich in Nichts auflösten. Und plötzlich entstand in der Mauer ein Loch. Und dahinter zeigte sich eine große Überraschung. Da gab es Licht und Wärme, da hörten sie Menschen, die sangen und jubelten. Der Raum füllte sich mit bunten Farben und pulsierendem Leben. Ariko und Jorinda ließen sich von dieser Freude sofort angesteckt und begannen, mit dem alten Mann zu tanzen. Durch die Mauer sahen sie einen Schriftzug am Himmel, dass auf-leuchtete: Hier befindest du dich in Zion, dem himmlischen Jerusalem, dem Ziel deiner Träume.

„Was heißt Zion, was bedeutet das himmlische Jerusalem?" fragte Ariko den alten Mann. Dieser antwortete bedächtig: „Auf dem Berg Zion in

Israel stand der Tempel von Jerusalem. Die Bewohner dort glaubten, dass das die Wohnung Gottes war. Der Tempel wurde zerstört, aber nicht der Glaube daran, dass es im Himmel einen Ort gibt, der unterstörbar ist. Gott selbst gleicht einer großen Stadt, in der jeder Mensch Wohnung findet und in ewiger Freude leben kann. Wir erleben jetzt das wunderbare Geschenk, einmal einen Blick auf diesen himmlischen Ort werfen zu dürfen." Ariko und Jorinda erinnerten sich an den Religionsunterricht und die Erzählungen von Jahwe mit seinem Volk Israel, eine Geschichte von Sklaverei und Befreiung mit Erfahrungen voller Sehnsucht und Hoffnung auf ein ewiges Leben in Freude.

„Da will ich hin und dank eurer Hilfe komme ich eher an, als ich dachte", sagte da der alte Mann, „aber für euch ist die Zeit noch nicht reif. Ihr müsst jetzt leider umkehren. Auf euch wartet in der Welt eine Aufgabe. Helft mit dabei, zu verhindern, dass die Tränenmauer weiterwächst. Tröstet, wo ihr trösten könnt und eines Tages werden wir uns wiedersehen." Eigentlich wären Ariko und Jorinda am liebsten mit ihm weitergegangen. Zu sehr beeindruckte sie das Land der Freude und zu gerne wären sie hineingegangen und hätten sich noch mehr umgeschaut. Aber tief in ihnen sagte ihr Herz: ‚Die Zeit ist für dich bislang nicht gekommen. Bis dahin verwandle den Ort, an dem du wohnst, in einen Ort der Freude und des Vertrauens.' Mit diesem festen Vorsatz machten sich die beiden auf dem Weg nach Hause, nachdem sie sich von dem alten Mann herzlich verabschiedet hatten.

Und erneut ging ein Tag vorüber voller Überraschungen und einem Geheimnis, dass sie noch mit niemandem teilen mochten. Doch was werden sie im Land Segens entdecken? Um das herauszufinden, mussten sie wieder eine Nacht warten.

Montag, zweite Woche
Mein Herz sagt:
Drück mich doch mal.
Ich streichle es lieber.

11 Die Freunde von Bethlehem

Wir befinden uns kurz vor dem ersten Advent. Alle Kinder in der 3. Klasse freuen sich auf diese spannende Zeit. Auch Carina. Advent ist immer eine aufregende Zeit; voller Überraschungen und Erwartungen. Aber es dauert ziemlich lange bis Weihnachten – vier Wochen.
„Wer hat Lust und macht mit?" fragt Frau Maier im Religionsunterricht. Sie erzählt den Kindern von einer Idee. „Die Freunde von Bethlehem". Alle schauen sich fragend an. Was mag das nur sein? Die Freunde von Beth-lehem! Gibt es da eine Verbindung zu Weihnachten und Jesus im Stall? Frau Maier erklärt den Schülerinnen und Schülern ihren Vorschlag.
„Es herrscht immer noch so viel Unfrieden in der Welt. Die Menschen leiden bis heute Hunger, sie sind einsam und allein oder arbeitslos und unglücklich. Wenn wir uns geeignet auf das Fest einstimmen wollen, müssen sich die Kinder auf der Erde kennenlernen. Sie sollten füreinander da sein und sich gegenseitig ermutigen. Es ist egal, ob wir nach Asien, Afrika, Amerika, Australien oder Europa schauen. Überall freuen sie sich auf Weihnachten und fangen mit ihren Vorbereitungen im Advent an. Wenn alle Kinder auf der ganzen Welt zusammenhalten, nennt man sie die ‚Freunde von Bethlehem' – wer von euch will ein Freund von Bethlehem sein?"
Unzählige Finger in der Klasse gehen hoch. Auch Carina zeigt auf. Klemens, der immer schon einen Schritt vorausdenkt, fragt gleich: „Was müssen wir denn da tun, wenn wir Freunde von Bethlehem werden?"

Da holt Frau Maier einen Umschlag aus ihrer Tasche heraus: „Ich besitze hier viele Anschriften von Kindern in Indien. Jeder von euch, der mitmachen möchte, erhält die Adresse von einem Kind in Madras. Diese Gegend befindet sich in Indien. Da leben auch Christen. Der Legende nach liegt dort der Apostel Thomas begraben. Ich verteile jetzt die Namen und ihr schreibt euren neuen „Freunden" einen Brief und bekommt eine Aufgabe."

Frau Maier verteilt die Anschriften und manche in der Klasse müssen kichern, weil sie Namen wie Matrika und Tara so komisch finden. Carinas neue Freundin nennt sich Ambar und in Klammern dahinter steht; das heißt auf Deutsch ‚Himmel.' O, welch eine schöne Bedeutung, denkt sich Carina.

Nachdem im Klassenzimmer wieder Ruhe einkehrt, schreibt Frau Maier an die Tafel:

„Seid wachsam".

Alle rätseln, was das jetzt nun heißen mag – ‚seid wachsam'! Klar muss man in der Schule immer aufpassen, das weiß doch jedes Kind. Aber Frau Maier erklärt: „Hierbei handelt es sich um ein Wort aus der Bibel. Es wird am ersten Advent in der Kirche vorgelesen. Wir Menschen sollen aufmerksam sein. Es könnte zum Beispiel ein Kind in der Klasse traurig sein und keiner bemerkt es. Oder jemand geht verträumt über die Straße, ohne auf den Verkehr zu achten. Eure Aufgabe für die Woche lautet, besonders wachsam und rücksichtsvoll zu sein. Wie heißt das Mädchen auf deinem Zettel, Carina?" Fast hätte Carina die Frage von Frau Maier verschlafen. Sie stellte sich gerade ihre neue Freundin in Indien vor. „Ihr Name ist Ambar", antwortet Carina. „Also schreibst du Ambar, was du dir für die kommende Zeit vornimmst."

Zum Schluss der Stunde verteilt die Lehrerin noch Postkarten, die aussehen wie Flugtickets, damit auch keiner in der Klasse die Briefe vergisst.

Mit großem Eifer notieren sich die Kinder, was sie in den nächsten Wochen verändern wollen.
Es ist kurz vor dem 2. Advent im dritten Schuljahr. Die Schülerinnen und Schüler erzählen von einer aufregenden Woche. Fast alle erhielten inzwischen wie Carina Post aus Indien. Ambar hatte ihr geschrieben und sie darf ihren Brief den anderen vorlesen. Ambar schreibt: „Liebe Carina, ich freue mich, dass du in Deutschland auch zu den Freunden von Bethlehem zählst. Ich habe mir vorgenommen, in den nächsten Tagen besonders gut auf meinen kleinen Bruder Chandra aufzupassen. Er ist vier Jahre alt und äußerst lebhaft. Mir fällt es schwer, weil ich so wenig Zeit habe und zugleich arbeiten muss. Ich helfe nämlich meiner Mutter beim Besticken von Tischdecken. Die verkaufen wir an die Touristen, die nach Madras kommen. Sie mögen vor allem Tücher mit Elefanten drauf und bunten Perlen. Die Stickerei ist mühsam und man muss sich sehr konzentrieren, um keinen Fehler zu machen. In unserer Pfarrgemeinde befindet es eine kleine Schule, die ich besuchen darf. Darum freue ich mich, dass ich inzwischen so lesen und schreiben kann. Meine besten Freundinnen dürfen leider nicht in die Schule gehen. Sie müssen zuhause helfen, mit Geld zu verdienen. In einem meiner Bücher steht, dass es bei euch an Weihnachten Schnee fällt. Ich habe einmal Schnee auf einer Postkarte gesehen mit hohen Bergen. Das muss einfach wunderbar sein. Bei uns gibt es keinen Schnee, dafür ist es hier leider zu heiß. Aber wir freuen uns trotzdem alle auf das große Fest. Wir werden schöne Lieder singen und in der Kirche den feierlichen Gottesdienst besuchen. So, jetzt möchte ich schauen, was Chandra macht, ich habe versprochen, mit ihm zu spielen. Ich freue mich auf eine Antwort von dir. Viele Grüße von Ambar."
Es dauert fast eine ganze Schulstunde, bis alle Kinder ihre Schreiben vorgelesen haben. Auf einmal spüren sie das fremde Land sehr nahe und sie bekommen einen Eindruck davon, wie die Menschen in Indien leben.

„Das freut mich", sagt Frau Maier, „das hat ja wunderbar geklappt. Seid ihr gespannt, wohin ihr die nächsten Briefe schicken dürft?"
Alle sind neugierig, als die Lehrerin zur Tafel geht und schreibt: ‚Bereitet dem Herrn den Weg'. „So lautet das Wort des zweiten Adventes. Und unsere Reise führt uns jetzt nach Afrika. Wir gehen nach Bagamoyo in Tansania." „Das kennen wir ja schon", rufen mehrere Kinder gleichzeitig. „Für die Grundschule dort haben wir doch Geld gesammelt, für Tische und Bänke und für Schulsachen!" „Ja", sagt Frau Maier, „und wer von euch kennt ein Kind in Bagamoyo?" Alle Finger bleiben unten. Keiner kennt ein Kind aus Bagamoyo. Also erklärt Frau Maier: „Wir haben den Kindern geholfen, dass sie jetzt eine schöne Schule besitzen, aber wir wissen nicht, wer diese Kinder sind und wie sie dort leben. Darum verteile ich an jeden von euch eine Anschrift aus Tansania. Ihr dürft wieder einen Zettel ziehen und einen Brief schreiben. Außerdem müssen wir uns noch Gedanken machen zu dem Thema des zweiten Adventsonntags. ‚Bereitet dem Herrn den Weg'." Die Lehrerin verteilt die Adressen und dieses Mal steht bei Carina: Joseph. Der heißt ja wie der Papa von Jesus, denkt sie sich und stellt sich ihren Joseph vor, der in Bagamoyo seinem Vater in der Schreinerei hilft.
Erneut wird sie aus ihren Gedanken gerissen, denn Frau Maier will etwas sagen zum Thema Wegbereitung. „Diesen Satz hat Johannes der Täufer gesagt. Der Prophet wollte, dass die Bewohner Israels umkehrten. Sie sollten ihr Leben ändern; zum Beispiel nicht mehr nur an sich selber zu denken, sondern intensiver an Gott und die Menschen, die Not leiden." Anschließend holt Frau Maier aus ihrer Tasche einen Stapel Karten, darauf steht ‚Zeitgutschein'. „So lautet die Aufgabe für die kommende Woche. Wir nehmen uns oft so wenig Zeit füreinander. Alle hetzen und rennen im Advent und keiner kümmert sich mehr um den anderen. Ihr bekommt einen Zeitgutschein, den ihr verschenken dürft, an Mama oder Papa, an Oma oder an eure Geschwister. Überlegt einmal, wer sich

darüber besonders freuen würde. Wenn ihr mögt, verbringt ihr mit dieser Person eine schöne Zeit. Was ihr euch ausgedacht habt, erzählt ihr den neuen Freunden in Afrika. Und die müssen sich ebenfalls überlegen, wem sie einen Zeitraum zur Verfügung stellen.“ Wieder verteilt Frau Maier Postkarten, die aussehen wie Flugtickets. Carina schreibt eifrig an Jo-seph, wem sie diese Stunde schenken wird.

Wenn man Post aus aller Welt bekommt, kann der Advent eine aufregende Zeit sein. Es fühlt sich toll an, zu den Freunden von Bethlehem zu gehören. Sehr viele Kinder auf dem Erdenrund verbinden sich und denken aneinander. Carina wartet jeden Tag sehnsüchtig auf den Postboten mit dem Antwortschreiben aus Afrika. Dann, am Donnerstag ist es so weit. Ein Brief aus Bagamoyo in Tansania. Mit großen Schriftzeichen auf dem Umschlag steht: von Joseph an Carina. Aufgeregt und gespannt macht sie den Briefumschlag auf und will den Brief lesen, aber sie versteht kein Wort, alles auf Englisch. Gott sei Dank kann ihre Mutter diese Sprache verstehen und übersetzt das Schreiben für ihre Tochter: „Liebe Carina, ich habe mich sehr über deine schöne Karte gefreut. Jetzt wissen wir hier, wer uns die neuen Schulbänke geschenkt hat. An einem dieser Tische sitze ich im Augenblick und antworte dir. Ich habe meine Stunde Zeit an meinen Vater verschenkt. Das war gar nicht schwer, denn nach der Schule muss ich ihm in der Regel helfen. Wir arbeiten als Bauern und besitzen einen kleinen Garten. Das Gemüse verkaufen wir nach der Ernte auf dem Markt in Bagamoyo. Sonntags gehen wir alle gemeinsam zur Kirche. Dort feiern wir immer ein großes Fest. Ich nehme gerne meine Trommel mit und wir singen zusammen und trommeln und tanzen. Du hast geschrieben, dass bei euch im Advent die Messe fast eine Stunde dauert, und dass dir die Zeit lange vorkommt. Das kann ich überhaupt nicht verstehen; denn wir feiern den ganzen Vormittag und sind alle traurig, wenn wir danach nach Hause gehen. In der Woche müssen wir hart und schwer arbeiten; aber am Sonntag sind wir fröhlich und ausgelassen. Ich freue mich, dass es die Freunde von Bethlehem gibt. So kann ich an dich denken und du denkst an mich. So passt die große weite Welt in einen kleinen Stall. Ich wünsche dir noch einen gesegneten Advent. Dein Joseph."

Carina freut sich über das Schreiben ihres neuen Freundes. Sie wartet sehnsüchtig auf die Religionsstunde am Freitag bei Frau Maier und ist gespannt, wohin die Reise sie führen wird und welche Aufgaben es wieder zu lösen gibt.

Im nächsten Religionsunterricht dürfen alle Kinder wiederum ihre Briefe vorlesen und sind stolz darauf, neue Freunde in Tansania gefunden zu haben. Nach der Vorlesestunde geht Frau Maier an die Tafel und schreibt: ‚Mitten unter euch steht der, den ihr nicht kennt.' Das ist jetzt aber wirklich ein merkwürdiges Wort. Kein Kind versteht diesen Satz. Alle kennen sich doch gegenseitig. Jeder kennt jeden. Also erklärt die Lehrerin: „Wenn Jesus auf die Welt kommt, möchte Gott, dass wir ihn kennen lernen. Wir wollen ja Freunde von Bethlehem sein, das heißt, wir nehmen die Freundschaft von Jesus an. Damals hat der Sohn Gottes vielen Menschen geholfen und seinen Jüngern gesagt, dass alle sich gegenseitig helfen sollen. Wenn wir das heute tun, ist er mitten unter uns." Da zeigt Carina auf, weil sie schon versteht: „Wenn ich also auf dem Schulhof einen Streit schlichte, dann ist Jesus unsichtbar bei mir und hilft mir dabei. ‚Mitten unter euch steht er' heißt doch der Satz." „Sehr gut, Carina. In der kommenden Woche dürft ihr euch überlegen, wem ihr konkret helfen oder besuchen könnt. Dafür gebe ich jedem von euch eine kleine Kerze, die ihr weiterverschenkt und die euch daran erinnert, dass es Menschen in Not gibt. Also überlegt einmal, wem ihr ein Licht schenken könntet." Zum Ende der Stunde will Frau Maier ihre Kinder nach Hause schicken. „Aber wo reisen wir denn die kommende Woche hin?" fragen alle durcheinander. „Ach richtig", ergänzt die Lehrerin, „da habe ich ja noch etwas Wichtiges vergessen. Wir fliegen nach

Südamerika, nach Peru in die Hauptstadt Lima. Das ist eine riesengroße Stadt und viele Men-schen flüchten vom Land in die Stadt, weil sie hoffen, dort Arbeit finden zu können. Da gibt es ein neues Stadtviertel mit armseligen Hütten und einer Pfarrgemeinde, die ich schon einmal besuchen durfte. Dorthin schreiben wir heute unsere Briefe."
Inzwischen kennen es die Kinder das Reiseritual. Frau Maier verteilt die Anschriften aus Lima. Dieses Mal zieht Carina den Paco. Sie hätte lieber ein Mädchen gezogen, aber sie denkt sich, vielleicht ist dieser Paco ja auch so nett wie Joseph aus Bagamoyo. In der Klasse wird es still, weil alle intensiv ihre Postkarten beschriften mit den Plänen für die kommende Woche.
Mit solchen Aktionen vergeht die Adventszeit wie im Flug. An so viele Menschen hat Carina in ihrem ganzen Leben noch nie gedacht. Jeden Tag geht ihr Ambar aus Indien, Joseph aus Tansania und Paco aus Lima durch den Kopf. Ob er ihr wohl auch antworten würde? Dann hätte sie drei Briefe für ihre kleine Schatzkiste, wo sie alle wichtigen Dinge aufbewahrte. Tatsächlich, rechtzeitig kommt das Schreiben aus Peru – und was für ein dicker Umschlag. Hat der Junge aus Südamerika einen Roman geschrieben? Dieses Mal kann Carina die Post lesen. Zwei Stapel von Blättern findet sie, einer auf Spanisch und einer übersetzt auf Deutsch von einem ihr unbekannten Pater Reinoldo. Diesen Brief nimmt sie am Freitag vor dem 4. Advent mit zur Schule und wartet gespannt auf den Religionsunterricht.
Frau Maier schreibt heute wieder einen Vers an die Tafel: ‚Fürchte dich nicht'. Alle finden diesen Satz cool. So eine Aufforderung steht auch in der Bibel? Die Lehrerin erzählt, dass das der Engel Gabriel zu Maria gesagt hat bei einem Besuch. Sie darf nämlich Jesus auf die Welt bringen, den Sohn Gottes. So etwas Großartiges ist natürlich schon zum Fürchten. Die Kinder erzählen, wann sie sich einmal gefürchtet haben. Es bleibt kaum noch Zeit, die Briefe aus Peru vorzulesen. Carina findet, dass ihre

Geschichte besonders zu der Überschrift zum vierten Advent passt; sie handelt nämlich von Paco. Und das schreibt er ihr:
„Liebe Carina, jetzt wohne ich nicht mehr in einer Wellblechhütte mit meinen vier Geschwistern. Wir sind umgezogen. Nicht nur wir, sondern unser ganzes Viertel, und das mitten in der Nacht. Wir haben einfach in Lima einen Acker besetzt und bauen dort eine neue Stadt. Vor dem Aufbruch waren wir ziemlich aufgeregt ich habe mich auch sehr gefürchtet und gefragt, ob wir das große Ziel erreichen. Für deine Klasse habe ich die Ereignisse aufgeschrieben und Pater Reinoldo hat sie übersetzt, damit ihr in Deutschland meine Geschichte nachlesen könnt. Darum wird Weihnachten dieses Jahr ein ganz besonderes Fest. Wir haben ein neues Heim und hoffen, dass es uns hier besser geht. Ich freue mich, dass du auch ein Freund von Bethlehem bist. Am Heiligen Abend treffen wir uns in Gedanken dort am Stall. Liebe Grüße von Paco."
Carina darf die kopierte Geschichte von dem Jungen aus Lima in der Klasse verteilen. Frau Maier gibt eine Aufgabe für die nächste Woche. Sie lädt die Schüler ein, einmal darüber nachzudenken, wann sie in welchen Situationen sie Angst und Sorgen haben und das auf einen Zettel schreiben oder malen. Der Sorgenzettel soll am Weihnachtsfest in die Krippe gelegt werden. Die Kinder finden diese Idee gut und warten gespannt darauf, wohin die nächste Reise sie führen wird. „Wir könnten uns noch viele Ziele aussuchen", beginnt Frau Meier, „aber in wenigen Tagen feiern wir schon Weihnachten. Da treffen wir uns wieder in Bethlehem; die Kinder aus Indien und Tansania, aus Lima und ihr. Das können wir natürlich nur in Gedanken. Wenn ihr alle am Weihnachtsabend vor eurer Krippe sitzt, denkt ihr feste aneinander. Ihr werdet spüren: Wir sind die Freunde von Bethlehem – überall auf der weiten Welt.

Carina geht heute sehr fröhlich nach Hause. Ihr hat die Adventszeit dieses Jahr besonders gefallen. Gespannt wartet sie auf den Heiligen Abend mit all den neuen Freunden von Bethlehem.

Dienstag, zweite Woche

Ich putze die Fenster meines Herzens.

Mein Ärger vernebelt den Blick.

12 Und hier erzählt Paco seine Geschichte

Ich lebe mit meiner Familie in einem Elendsviertel von Lima. Viele Menschen ziehen von den Bergen die Stadt, um dort Arbeit zu suchen. Ich wohne mit meinen vier Geschwistern und meinen Eltern in einer Wellblechhütte, alle zusammen in einem großen Raum. Meistens stinkt es furchtbar, weil es hier keine Kanalisation gibt und die Leute ihren Müll einfach auf den Weg werden. Wenn es einmal regnet, verwandelt sich das ganze Viertel in ein riesengroßes Schlammloch. Ich habe das Glück, das ich zur Schule gehen darf, doch meine älteren Brüder müssen helfen, etwas Geld zu verdienen, damit unsere Familie überleben kann. So verkauft Antonio zum Beispiel Zigaretten und Erdnüsse an die Touristen. Der Verkauf ist ein mühsames Geschäft und bringt nur wenig ein.

Sonntags gehen wir gemeinsam zum Gottesdienst, der immer unter freiem Himmel stattfinden muss, weil es kein Geld für eine Kirche gibt. Wenn Pater Reinoldo kommt, holt ein Nachbar seinen wackeligen Tisch aus der Hütte und alle versammeln sich darum. Pater Reinoldo stammt aus Deutschland und lebt seit fünf Jahren mit uns zusammen. Ich finde, dass er ein bisschen komisch aussieht mit seinen roten Haaren und seinen Sommersprossen. Außerdem spricht er nicht einmal richtig Spanisch, weil er das „R“ nicht so rollen kann. Wenn er es im Gottesdienst versucht, verdreht er dabei ständig die Augen, so dass alle lachen müssen. Er wird ganz rot im Gesicht und die Leute lachen erst recht. Doch sonst finde ich ihn sehr nett, denn er schenkt uns immer ein paar Bonbons. Meine Freunde nennen ihn darum Bonbonpater.

An einem Sonntag erzählte uns Pater Reinoldo, dass Gott die Armen besonders mag. Er will nicht, dass wir hungern und leiden. Ich habe mir so meine Gedanken darüber gemacht. Wenn Gott die Menschen wirklich liebt, warum müssen wir in einer so elendigen Hütte wohnen ohne Hoffnung auf ein besseres Leben? Als ich Papa danach fragte, wusste er keine Antwort. Er sagte nur: „Paco, warte ab."

Seit diesen Tagen geschahen in unserem Wohnviertel merkwürdige Dinge. Viele Erwachsene tuschelten miteinander und versammelten sich abends in der Dunkelheit. Auch meine Eltern flüsterten: Da liegt etwas in der Luft, das nicht zu fassen ist. Uns überkam das Gefühl, irgendetwas Außergewöhnliches passiert.

An einem bestimmten Sonntag wirkte Pater Reinoldo besonders feierlich. Er sprach davon, dass Moses sein Volk aus der Knechtschaft Ägyptens befreite und in das Land Israel führte. Für uns sei es jetzt ebenfalls so weit. Außerdem hätten Maria und Josef damals auch in Bethlehem einen Stall besetzt, damit Jesus einen Platz für seine Geburt bekäme. Doch als ich Papa fragte, was der Pater mit dem Aufbruch meinte, sagte er nur: „Paco, warte ab."

Am Dienstag schließlich sollte es beginnen. Obwohl wir alle voller Unruhe waren, musste ich früh zu Bett. Wieder fragte ich Papa, was denn los sei und er sagte dieses Mal nicht mehr: „Paco, warte ab." Er erklärte: „Heute Nacht beginnt der ersehnte Aufbruch. Wir verlassen dieses Elendsviertel und gehen durch die ganze Stadt Lima bis an den Stadtrand. Dort besetzen wir einen großen Acker und errichten ein neues Viertel. Jeder erhält für seine Familie ein Grundstück. Es wird Strom und fließendes Wasser geben, eine Kirche und ein prächtiges Gemeinschaftshaus. Dreitausend Menschen werden mit Pater Reinoldo mitgehen." Das konnte ich mir nicht wirklich vorstellen. Ich fragte Papa: „Ja, gehört der Acker denn nicht dem Großgrundbesitzer?" Doch er erklärte mir: „Es gibt ein neues Gesetz. Wenn ein Grundstück nicht genutzt wird, darf es ein

Fremder bewirtschaften. Die Regierung und die Polizei sind auf unserer Seite oder sie werden uns wenigstens nicht vertreiben. Trotzdem muss alles schnell und heimlich geschehen, damit der Großgrundbesitzer keine Möglichkeit zur Gegenwehr hat."

Nach diesen Worten konnte ich erst recht nicht mehr schlafen. Dazu war ich viel zu aufgeregt. Meine wenigen Sachen packte ich meine Schlafdecke und knotete sie zu. Die Zeit des Wartens verging unglaublich langsam. Ich träumte also von dem neuen Haus. Es sah wunderschön aus und besaß einen kleinen Garten für Gemüse und Blumen.

Doch schließlich war es so weit. Der große Aufbruch begann. Als wir vor unsere Hütte traten, hatten sich schon viele Menschen versammelt; Nachbarn, Freunde und Leute, die ich nicht kannte. Es wurden immer mehr und es sah aus wie eine lange Prozession; wir konnten weder den Anfang noch das Ende der Schlange erkennen. Irgendwo vorne zog auch Pater Reinoldo mit seinen Sommersprossen und seinen roten Haaren entlang. Der Weg war staubig und weit, denn Lima ist eine große Stadt. Im Morgengrauen erreichten wir unser Ziel. Weil alles so klug geplant und vorbereitet wurde, wusste jede Familie gleich, wo sich ihr Grundstück befand. Notdürftig errichteten wir Wände aus Schilfmatten. Im Verlauf der kommenden Monate ersetzten wir sie durch Lehm und Ziegelsteine. Nach und nach konnte man die späteren Straßenzüge erkennen. Der Platz in der Mitte blieb frei für einen Markt, eine Kirche und ein Gemeindehaus. Am Ende jenes Tages legte ich mich völlig erschöpft auf meine Schlafmatte. Ich dachte noch einmal an Ägypten und den Auszug der Israeliten; an Maria und Josef im Stall von Bethlehem. Mit einem kleinen Dankgebet auf den Lippen schlief ich endlich ein.

Mittwoch, zweite Woche
Ich hüte ein Geheimnis
und teile es nur mit meinem Herzen.

13 Die Schatzkiste des Apothekers

Der alte Krautwald passte nicht mehr in unsere Zeit. Ich erinnere mich noch gut an seine Apotheke. Sie befand sich in einem heruntergekommenen Fachwerkhaus, dass man nie renovierte. In dem kleinen Schaufenster standen verstaubte Gläser, Phiolen, eine Waage und Dinge, von denen niemand wusste, wofür sie überhaupt da waren. Die Einrichtung wurde nie erneuert und gängige Medikamente konnte man dort nicht kaufen. Er stellte jede Medizin individuell zusammen. Sein Laden hing voller getrockneter Kräuter. In den Gefäßen, Töpfen und Tiegeln befanden sich geheimnisvolle Substanzen, die nur der Apotheker selber kannte. Die meisten Leute in unserer Stadt gingen zu ihm nur hin, wenn der Arzt nicht mehr weiterwusste. Ärztliche Rezepte konnte man bei ihm nicht einlösen. Meine Mutter vertraute voll und ganz auf seine Heilkünste. Bekam ich Bauchschmerzen oder Fieber, schickte sie mich zu dem alten Krautwald. Wenn ich seinen Laden betrat, schaute er mich kurz an, grummelte etwas vor sich hin und packte ein Pülverchen in eine Papiertüte. „Drei Mal am Tag einen halben Teelöffel in einem Glas Wasser auflösen und mit dem Blick zum Kastanienbaum austrinken, aber ohne zwischendurch Luft zu holen, sonst wirkt es nicht." Dabei hatte ich ihm noch nicht einmal meine Beschwerden benannt. Seine Medizin war äußerst wirksam. Bis heute weiß ich nicht, was er mir da jeweils mitgegeben hatte. Übrigens gibt es diese alte Apotheke leider nicht mehr. Niemand im Ort wusste etwas über seinen Tod oder sein Verschwinden. Eines Tages verschwand er spurlos und hinterließ ein Haus ohne Erben.

Viele Jahre blieb das Geschäft einfach verschlossen. Zu meiner Kindheit war er Greis und auch meine Mutter konnte sich an ihn nur erinnern als einen uralten Mann. Keiner in unserer Stadt fand das merkwürdig, dass unter ihnen ein Arzneikundiger lebte, der immer schon alt und nie jung gewesen war.

Ich war um die achtzehn Jahre alt, als ich wieder einmal in seine Apotheke ging, weil mich seit Tagen eine heftige Erkältung plagte. Auch an diesem Tag öffnete er hier einen Topf, da eine Phiole und mischte mir ein besonderes Pulver zusammen. Dann jedoch tat er etwas, das er noch nie getan hatte. Er nickt mir zu und sagte: „Komm mit.“ Hinter der Ladentheke hing ein Vorhang, der den Apothekenraum vom Inneren des Hauses trennte. Wahrscheinlich war ich der erste Mensch, der einen Blick dahinter wagen durfte. Ich folgte also dem Apotheker und fand mich in einem Raum wieder, der eine Mischung darstellte von Küche, Laboratorium und Wohnzimmer. In der Mitte des Zimmers befand sich ein antiker Herd, auf dem Töpfe aller Größen standen. Sie waren alt und abgenutzt, aber peinlich sauber gehalten. Offene Regale bis zur Decke zeigten die Reichtümer des alten Krautwald. Gläser und Tassen fanden ihren Platz neben einer ausgestopften Eule. Flaschen mit grünem, rotem und braunem Inhalt waren beschriftet mit Zeichen, die ich nicht lesen konnte. Kräutersträucher hingen zum Trocknen von der Decke herab. Bücher lagen kreuz und quer überall dort, wo es noch freien Raum gab. Dies hier war sein Heiligtum, seine Wohnung und sein geheimnisvolles Reich. Ohne ein weiteres Wort zu sagen, stieg der Apotheker auf eine wackelige Leiter und holte mühsam vom obersten Regal ein Kästchen herunter. Es war aus Holz gearbeitet und mit seltsamen Ornamenten und Mustern verziert. Ein Schriftzug zog sich um die äußeren Seiten herum. Die Buchstaben sahen so ähnlich aus wie die Worte auf den Flaschen, die ich nicht entziffern konnte. Der Apotheker sah, wo meine Augen hinwanderten. „Das ist Atlantisch, was du da siehst und nicht lesen kannst." „Atlantisch?" fragte ich und musste dabei wohl sehr erstaunt ausgesehen haben. Natürlich kannte ich die Legenden der untergegangenen Insel Atlantis, hielt das Ganze aber für ein Märchen erfunden von Spinnern und Geschichten-erzählern. „Ja, du brauchst nicht so ungläubig zu schauen, mein kleiner Schnupfenkranker. Das ist die Sprache der Einwohner von Atlantis." Der Apotheker schien in meinem Kopf alle Gedanken lesen zu können, so dass sich in mir ein gewisses Unbehagen ausbreitete. Ich sollte besser nicht mehr denken und lieber abwarten, was es mit diesem geheimnisvollen Kistchen auf sich hatte. Also setzte ich mich hin und wartete ab. Der Alte nahm mit dem Kästchen in der Hand mir gegenüber Platz und fing an, die Inschrift laut vorzulesen. „Samarituh kawoh leheen. Sonmei wotenu kalab estoo." Ich verstand kein einziges Wort. Aber schon hörte ich seine Über-setzung, die mindestens ebenso geheimnisvoll klang. „Im Inneren schläft die Macht. Dein tiefster Wunsch kann sie wecken." Gab es da einen verborgenen Hinweis auf den Inhalt des Kästchens? Ging es da um Zauberei und Magie? Fragen über Fragen stiegen in mir auf und der Apotheker schien alle diese Gedanken in meinem Kopf ablesen zu können. „Du solltest lieber nicht fragen", sagte er, „es könnte sein, dass Ereignisse hier in diesem Raum stattfinden, von denen du nicht möchtest, dass sie passieren. Allein deine Vorstellungen und Wünsche bringen Leben in dieses Holz und schon manches Unglück ist damit geschehen. Allerdings auch Rettung und Hilfe aus großer Not." Endlich brachte ich meine ersten Worte über die Lippen. „Welches Geheimnis lastet auf dieser Kiste? Wo kommt sie her? Was enthält sie? Und warum zeigen Sie sie mir?" Der Apotheker schaute mich eindringlich an. „Eins nach dem anderen. Ich hoffe, du hast Zeit mitgebracht, viel Zeit. Denn ich werde dir dazu eine lange Geschichte erzählen. Aber vorher musst du mir versprechen, es niemandem weiterzusagen. Es bleibt ein Geheimnis zwischen dir und mir. Leg deine Hand auf den Deckel des Kästchens und lege

deinen Schwur ab.“ Vorsichtig legte ich also meine Hand auf den Deckel und spürte eine Energie, die sich so aufgeladen anfühlte, dass ich anschließend meine Hand kaum davon lösen konnte. Ich gelobte, ohne etwas zu sagen und der alte Apotheker schaute mich zufrieden an. Und so begann er mit seiner Geschichte.
„Es kann sein, dass du mir nicht glaubst, was ich dir erzähle. Aber ich vertraue darauf, dass mein Bericht dein Herz erreicht und du die verborgene Wirklichkeit erkennen wirst. Du kennst mich nur als einen Greis. Deine Mutter kennt mich so und deine Großmutter und deine Urgroßeltern kannten mich auch schon als alten Mann. Jetzt kannst du ermessen, wie alt ich bin. Meine frühesten Erinnerungen gehen zurück in das Jahr 1480, als der Kaiser Karl in Spanien lebte. Damals war ich noch ein kleines Kind und befand mich mit meinen Eltern auf der Flucht, weil man uns Hexerei und Aberglauben vorwarf. Ja, schau nicht so erstaunt. Ich gehöre zu einem Volk, dessen Wurzeln in Atlantis lagen. Wir werden in der Regel sechshundert bis siebenhundert Jahre alt, wenn man uns nicht vorher gewaltsam umbringt. Leider landeten mein Vater und meine Mutter auf dem Scheiterhaufen und ich bin der letzte Nachfahre meiner Familie. Wo dieser geheimnisvolle Ort einst lag, will ich dir lieber nicht sagen. Es war jedenfalls eine Insel irgendwo im Meer, weit entfernt von jeder anderen Zivilisation. Als die ersten Affen in Afrika sich langsam aufrichteten, um Menschen zu werden, existierten wir schon und besaßen eine blühende Kultur. Ich weiß davon nur aus Erzählungen meiner Eltern. Dir das weiterzugeben erfüllt mich mit großer Traurigkeit. Aber kommen wir zu diesem geheimnisvollen Kistchen. Als es mit unserer Lebensart bergab ging, weil es Missernten gab und die Wasserquellen versiegten, regierte bei uns ein geisteskranker König mit unglaublichen Wahnvorstellungen. Alle Anzeichen auf der Insel deuteten nur auf Ende und Untergang. Eine meiner Ahninnen war die oberste Priesterin im Heiligtum von Atlantis. Zu ihr kamen die Menschen mit

ihren Krankheiten und seelischen Nöten. Sie besaß heilende Hände und das Wissen von Jahrtausenden. Jetzt weißt du, warum ich Apotheker geworden bin. Das steckt meiner Familie einfach im Blut. Leider komme ich an die Fähigkeiten unserer heiligen Priesterin nicht im Entferntesten heran. Es gab jedoch Notsituationen, in denen sie nicht helfen konnte. Wenn ihre therapeutischen Energien nicht ausreichten, holte sie aus dem Heiligtum dieses Kästchen. Bei uns ging die Legende herum, dass es aus dem Reich der Götter kommt und durch einen Unglücksfall auf die Erde fiel, mitten auf Atlantis. Vielleicht liegt darin auch unser hohes Alter begründet. Diese Kiste enthält göttliche Kräfte. Doch frage ich mich, ob diese Geschichte stimmt, weil es diesen Schriftzug in atlantischer und nicht in einer himmlischen Sprache zu lesen gibt. Erinnerst du dich noch an die Worte? ‚Im Inneren schläft die Macht. Dein tiefster Wunsch kann sie wecken.' Sobald jemand mit einem Anliegen zu der obersten Priesterin kam und wenn sie dieses Kistchen hervorholte, schwebte der Wünschende in großer Gefahr. Das Bedürfnis nach mehr Geld und Reichtum konnte tödlich sein. Diese Schatzkiste erfüllt nur die allertiefsten Herzenswünsche. An unserer menschlichen Oberfläche begegnest du Bitten wie ein schönes Auto, eine Traumvilla oder irgendein technisches Gerät. Eine kleine Stufe darunter wohnen die Wünsche wie Gesundheit, Arbeit und Sicherheit. Wiederum eine Schicht tiefer findest du Liebe, Geborgenheit, Freiheit und Ähnliches. Es existiert noch eine weitere Ebene. Da leben die namenlosen Wünsche, also Wünsche, für die es keine Worte mehr gibt. Die letzte Stufe jedoch ist die geheimnisvollste von allen. Die Sehnsucht speist sich zum Beispiel daraus. Dieses kleine Kistchen erfüllt nur den tiefsten Wunsch. Mit der Macht dieser Kiste kommt man dann, und nur dann in Berührung, wenn man jeden Gedanken aus dem Kopf verbannt, die Wünsche einfriert und seine Nöte ausblendet.

Du kannst dir vorstellen, wie zögerlich und selten unsere Priesterin dieses Kistchen einsetzte. Zu groß war die Gefahr, dass jemand in der Begegnung mit seinen Bedürfnissen scheiterte und am Ende alles einbüßte, seine Gesundheit, seinen Besitz und wer weiß was sonst noch. Auf der anderen Seite erzählten mir meine Eltern auch einiges über die Wunder, die damals geschahen. Eine Königin ertrank einmal im tiefen Meer und ihr Gemahl wünschte sich seine Frau zurück. Er kam mit der Macht dieser Kiste in Berührung. Die Königin verlor zwar ihr Leben, der König jedoch konnte, so oft er wollte, seinen Körper verlassen und seine Geliebte in ihrem Totenreich besuchen. So war er von ihr getrennt, aber dennoch mit ihr zusammen. Das erzähle ich dir nur, damit du so ungefähr erkennen kannst, welche Kraft dieses Kistchen enthält.
Atlantis bestünde noch heute, wenn unser König nicht wahnsinnig geworden wäre. Er wurde im Laufe seiner Regierungszeit immer gieriger. Sein Herz füllte sich mit Wünschen, die niemand einlösen konnte. Er wünschte sich einen Doppelgänger, der so aussah wie er. Er wollte fliegen können und gleichzeitig riesig groß und winzig klein sein. Er trachtete nach den Edelsteinen der Welt und wäre unzufrieden, wenn es noch irgendwo einen Stein gäbe, der ihm nicht gehörte. So kam es, wie es kommen musste. In einer pechschwarzen Nacht schlich er sich in das Heiligtum, ermordete unsere Priesterin und nahm dieses Kistchen an sich. In seinem Palast angekommen, fing die Erde unter Atlantis an zu zittern. Vulkane brachen aus, Stürme tobten um die Insel und Feuer entfachten sich. Nur wenige Menschen konnten sich auf einem kleinen Boot retten, bevor alles unterging. Meine Familie war schon lange von einer gewissen Vorahnung erfüllt, und auf ein solches Ereignis vorbereitet. Sie waren sogar in der Lage, dem König dieses Kistchen zu entreißen und es mit auf die beschwerliche Reise zu nehmen. So begann für uns eine Jahrhunderte dauernde Irrfahrt durch Zeit und Raum. Ich bin der letzte Nachfahre der Einwohner von Atlantis und spüre in meinen

Knochen, dass meine Lebenszeit zu Ende geht. Ich will meine Erkenntnisse nicht mit ins Grab, sondern an dir weitergeben. Wer weiß, vielleicht kommt der Tag, an dem diese Kiste noch wirklich gebraucht wird. Dich habe ich ausgewählt, der neue Hüter zu sein. Frag mich nicht warum, denn ich höre da auf meine innere Stimme. Du wirst es spüren, was du dann damit machen musst.“ Mit diesem Satz endete die Erzählung des alten Apothekers. Ich war wie betäubt und konnte mich nicht mehr bewegen. Mein Verstand zweifelte an dieser unglaublichen Geschichte, aber meine Intuition stimmte allen seinen Worten zu. Ich nahm also die Kiste aus seinen Händen entgegen. Wir schauten uns noch einen Augenblick intensiv an und ich verließ sein Geschäft. Zu Hause versteckte ich das Kistchen unter meinem Bett und fiel in einen tiefen Schlaf. Erst am anderen Morgen bekam ich einen klaren Kopf. Wie soll ich diese Last in den kommenden Jahren nur tragen? Ich wollte diese Kiste um keinen Preis behalten und sie zügig zurückbringen. Doch als ich vor seiner Ladentür stand, war sie verschlossen. So oft ich auch an dem Tag und an den folgenden Tagen wiederkam, lag die Apotheke verlassen da. Niemand wusste, wo sich der alte Krautwald befand. Mir blieb nichts anderes übrig, als das Kistchen zu verwahren. Inzwischen habe ich einen guten Ort dafür gefunden, versteckt und dennoch zu finden. Die Geschichte habe ich aufgeschrieben und in einen Umschlag dazu gelegt. Mit meinen Wünschen bin ich seitdem vorsichtig geworden und achte auf die verbor-genen Wünsche ohne Namen und ohne Worte. Die Erinnerung an die Inschrift bleibt in mir lebendig und das Vertrauen auf eine Macht, die meinen tiefsten Herzenswunsch kennt.

Donnerstag, zweite Woche

Mein Herz hat mich heute besucht.

Ich hatte es schon vermisst.

14 Die zwei Männer im Wald

In einem Wald lebten einst zwei Männer. Jeder wohnte für sich in seiner Blockhütte. Der eine an dem einen Ende des Waldrandes und der Zweite genau gegenüber am anderen Ende des Waldrandes. Beide beanspruchten für sich die Hälfte des Waldes. Am Morgen machten sie sich auf die Pirsch, um die Gegend zu erkunden, nach den Tieren zu sehen, und Beeren und Wurzeln zu sammeln für die tägliche Nahrung. Sie begegneten sich nur selten. Wenn sie sich trafen, nickten sie sich kaum merklich einander zu, weil sie wenigstens etwas höflich sein wollten. Ansonsten ließen sie sich in Ruhe und kümmerten sich nicht um die Sorgen und Freuden des anderen.

Eines Tages jedoch sah einer der beiden Männer ungefähr in der Mitte des Waldes einen wunderbaren, großen, essbaren Pilz stehen. „Das gibt ein köstliches Mittagessen", dachte er so bei sich, nahm sein Messer und wollte den Pilz abschneiden. Im gleichen Augenblick kam der andere Mann hinzu, sah ebenfalls den Pilz und fuhr seinen Waldbruder an. „Der gehört mir, er steht in meiner Hälfte des Waldes! Und in meiner Hälfte des Waldes gehört alles mir. So war es bisher und so soll es auch bleiben." „So, du denkst, der Pilz befindet sich in deiner Hälfte? Da irrst du dich gewaltig. Seit Jahren schon komme ich hierher und dies hier war immer meine Hälfte! Zieh deines Weges und lass mich in Ruhe!"

So stritten sie ohne eine Einigung hin und her. Schließlich kamen sie auf den Gedanken, den Wald zu vermessen, um im Anschluss daran das Zen-

trum bestimmen zu können. Wenn man die Mitte findet, so dachten sie, kennt man auch die Grenze der je eigenen Hälfte.
Sie gingen also jeder für sich an das eine Ende des Waldes, um sich dann in der Mitte zu treffen. Beide sollten einen Schritt gehen und sich dabei gegenseitig die Zahl des jeweiligen Schrittes zurufen. Nach achthundertsiebenunddreißig Schritten trafen sie sich. In der Mitte? Nein, weit gefehlt. Leider besaß der Eine kürzere Beine als der Andere und bemerkte erst jetzt seinen Nachteil.
Sie mussten also einen besseren Weg finden, den Wald zu vermessen und die Mitte zu bestimmen. Durch viele ausgeklügelte Methoden tasteten sie sich mehr und mehr dem gewünschten Ort. Irgendwo in diesem Umfeld stand auch der Pilz. Sie stritten sich jedoch immer weiter, denn keiner suchte eigentlich die Mitte, sondern jeder wünschte sich den Pilz.
Gänzlich unbemerkt näherte sich den zwei Streitenden eine alte Frau. Sie wollte von ihrer beschwerlichen Wanderung Rast machen und setzte sich auf einen Baumstumpf. Von dort aus hörte sie dem Wortgefecht der Männer zu. Als der Eine von den beiden sein Messer zog, macht sie sich bemerkbar. „Welch einen merkwürdigen Streit führt ihr miteinander! Sucht Ihr die Mitte? Ich kann euch sagen, wo sie sich befindet." Verwunderten schauten die zwei Streithähne die Frau an, die sie jetzt erst bemerkten. Vielleicht konnte sie ihnen ja tatsächlich weiterhelfen.
„Kommt mit", so forderte sie die Männer auf. Alle drei machten sich auf den Weg und gingen auf den Rand des Waldes zu. Allmählich schüttelten die Streithähne den Kopf. „Ist diese Alte verrückt! Hier befindet sich nie und nimmer die Mitte", so dachte jeder bei sich.
Als sie an den Waldrand kamen, setzte sich die Frau auf einen Baumstumpf, sah die beiden Männer an und sagte: „Wir haben unser Ziel erreicht! Seht euch die Bäume und die Sträucher an - dem Wind und Regen ausgesetzt, behüten sie den Wald. Der Rand des Waldes ist der Anfang der Mitte und somit ein Teil der Mitte selbst. Anstatt zu streiten,

sollte ihr die gemeinsamen Hüter des Waldes und der Mitte sein. Teilt euch den Wald und er gibt das Leben für zwei."
So sprach sie und machte sich wieder auf den Weg. Ob sich die beiden wohl einigen konnten?

Freitag, zweite Woche

Mein Herz ist stark.

Das spürt sogar mein kleiner Zeh.

15 Die Narrenkarawane, Teil eins

Azar und sein Sohn Jussef lebten im Viertel der Gewürzhändler von Alexandria. Wir schreiben das Jahr 70 nach Christi Geburt und die Legende erzählt, dass der Evangelist Markus zu jener Zeit der erste Bischof von Alexandria war. Bis heute führen die koptischen Christen ihre Wurzeln auf diesen Mann zurück.

Azar war ein Gewürzhändler, wie es sonst nirgends im Viertel gab, ja nicht einmal in ganz Ägypten. Er kannte die innersten Geheimnisse des Geschmackes und der Wirkung aller Gewürze und das für jedes Gemüse, jede Fleischart und jegliche Süßspeise. Der Geruch von unendlich vielen Mischungen durchflutete ständig seine Nase. Während die übrigen Händler im Viertel die Waren abwogen und mischten, tat Azar es ausschließlich nach Gefühl und Nase. Er schaute dabei seinen Kunden fest in die Augen. Er nahm etwas aus dem einen Sack, ein wenig von einem bestimmten Teller und etwas aus einem anderen Tonkrug, bis der Geruch ihm sagte, dass das die perfekte Mischung war. Er konnte am Gesicht der Menschen erkennen, ob sie die Gewürzmischung liebten oder nicht. Und er fand immer die richtige Zusammenstellung und traf den Geschmack seiner Kundinnen. Asima mochte für ihren Lammbraten zum Beispiel eine bestimmte Zusammensetzung von schwarzem Pfeffer, Kurkuma, Kardamom, Paprika, Ingwer, Zimt, Paradieskörner, Piment, Lavendel-blüten, Rosenblütenblätter, Fenchelsaat, Gewürznelken und Cayenne. Mariam bevorzugte für ihr Gemüse schwarzen Pfeffer, Orangenschale, Zitronenschale, Limette, Minze, Thymian und Knoblauch.

Bei jeder Kundin entwickelte sich das Mischungsverhältnis unterschiedlich. Die anderen Gewürzhändler schauten oft neidisch auf Azars Geschäft, denn sie hantierten mühsam mit Gewichten, Waagen und mit aufgeschrie-benen Rezepturen. Während es bei ihnen nach Orient roch, bekamen die Menschen bei Azar den Eindruck, dass der Duft dort sie auf direktem Weg ins Paradies beförderte.

Azar kaufte nur erlesene Zutaten ein und seine Händler mussten weite Wege zurücklegen, um ihn zufrieden zu stellen. Man könnte meinen, dass er ein reicher Mann war, aber das stimmte nicht. Er strich nur minimale Gewinne ein, weil er den Wunsch hatte, dass selbst die Armen in der Stadt Anteil haben sollten an den Düften und Geschmäckern der Welt der Gewürze. Viele Jahre nun war er erfüllt von der Aufgabe, sein Viertel mit diesen Kostbarkeiten zu beglücken.

Eine Sorge jedoch plagte ihn und ohne diese wäre er der glücklichste Mann von ganz Alexandria gewesen. Azar sorgte sich um seinen Sohn Jussef. Der half ihm Tag für Tag bei seinen Geschäften, seine Nase und sein Geruchssinn allerdings hatten bei der Geburt nichts von den Fähigkeiten des genialen Vaters mitbekommen. Jussef war völlig unfähig, Nelken von Pfeffer zu unterscheiden. Er kannte zwar den Unterschied der Formen von Pulver, Blüten und Samen, aber er konnte weder den Geruch noch den Geschmack wahrnehmen. Sollte Azar eines Tages sterben, hinterließ er sein Geschäft ohne einen geeigneten Nachfolger. Mit ihm starb das Wunder von Alexandria aus.

Jussef sah sich zwar nicht in der Lage, Gerüche zu unterscheiden, dafür besaß er jedoch eine Fähigkeit, die auf anderem Gebiet ähnlich genial war, wie die Gabe seines Vaters. Er bezauberte die Menschen durch seine Fröhlichkeit und seine Lebensfreude. Wenn eine Kundin den Laden betrat, empfing Jussef sie wie eine Königin. Es begegnete ihr nicht mit der Höflichkeit eines typischen Kaufmannes, der ein großes Geschäft witterte, sondern mit dem Erlebnis, in der Gegenwart von Jussef zum wichtigsten Menschen der Welt zu werden. Lag es am Glanz seiner Augen oder am Klang seiner Stimme? Oder lag es einfach an der Sprache seiner Hände, die das bewirkten, was die Leute verzauberte? Keiner hätte darauf eine eindeutige Antwort gewusst. Vielleicht wirkte alles gemeinsam. Eines allerdings wusste jeder. Es lag nicht an seiner Schönheit. Jussef besaß zwar ein ebenmäßiges Gesicht mit braunen, mandelförmigen Augen und einen vollen Mund, aber es war zu einer Karikatur entstellt angesichts seiner übergroßen, abstehenden Ohren. Keiner hänselte ihn jedoch deswegen, weder die Kundinnen noch seine zahlreichen Freun-dinnen und Freunde. Er konnte aufmerksam zuhören, war ein einfühl-samer Tröster und ein Erfinder von aufregenden Spielen. Wenn Azar das Herz des Gewürzhandels war, war Jussef die Seele. So ergänzten sich Vater und Sohn in ihrem Reich der Gewürze und bescherten den Menschen einen Augenblick lang die Wonnen des Paradieses. Doch jeder weiß, dass sogar das Paradies auf Erden nur für einen gewissen Zeitraum Bestand hat. So, wie die edelsten Düfte nur flüchtig sind, verhält es sich auch mit dem Glück auf der Welt. Leider mussten Azar und Jussef im Viertel der Gewürzhändler von Alexandria dies leidvoll eines Tages erfahren. Und das kam so:

Eines Morgens erwachte Azar, bereitete sich wie immer einen Tee zu und stellte erschrocken fest, dass er den Tee weder riechen noch schmecken konnte. Zuerst vermutete er, dass die Teeblätter verdorben waren, aber er hatte sie vor kurzem frisch eingekauft und außerdem hätte er sofort einen unangenehmen oder bitteren Geschmack wahrnehmen müssen. Ein Verschwinden der Geschmacksnerven hatte er bislang nie erlebt und diese Erfahrung erfüllte ihn mit einer unbestimmten Angst. Ob dieser Morgen ohne den Duft des erfrischenden Tees ein Vorbote für großes Unheil werden könnte? Auf dem Weg zu seinem Geschäft im Viertel der Gewürzhändler streckte er sein Riechorgan in die reiche Duftmischung von Backwaren, Räucherwerk, Leder und reifem Obst und Gemüse. Doch es erging ihm so wie am Morgen mit dem Tee. Seine Nase schien wie verstopft zu sein, obwohl er frei atmen konnte. Auch als er sie direkt an ein frisches Brot hielt, das der Bäcker gerade aus dem Ofen geholt hatte, versagte sie ihren sonst so zuverlässigen Dienst. Als er ein Stück davon abbrach und in den Mund schob, schmeckte er nichts. Der Geschmack und der Geruchssinn waren über Nacht verschwunden. Mit jedem Schritt in Richtung Basar wuchsen Angst und Verzweiflung. Erlebte er gerade nur eine vorübergehende Schwäche, von der er sich schnell erholen könnte? Lag es am zunehmenden Alter, dessen er sich Tag für Tag mehr bewusstwurde? Er hoffte, dass es sich lediglich um ein flüchtiges Gespenst oder einen kleinen Schrecken in der Morgenstunde handelte. Als er das Geschäft öffnete, kam ihm der versammelte Duft aller Kräuter und Gewürze entgegen, die über Nacht wie eingesperrt waren und sich nun auf die Gasse ausbreiten konnten und ...

Azar glitt auf seinen Schemel hinter der Verkaufstheke nieder und hielt sich nur mühsam an der Tischkante fest. Er saß im Paradies der Düfte und - roch nichts. Die Welt hörte auf zu existieren. Die Zeit stand still und mit erloschenem Gesicht starrte Azar durch alle Waren hindurch in ein undefinierbares Nichts. So fand Jussef ihn vor, als er fröhlich pfeifend den Laden betrat. „Vater, ist es nicht wieder ein herrlicher Tag? Schau, wie die Sonne unsere Gewürze ins rechte Licht setzt! Hast du schon die neue Lieferung aus Damaskus erhalten? Ich werde sie gleich in die Auslagen stellen, damit jeder sie bewundern kann!“ Doch Azar hörte seinen Sohn nicht. In Gedanken tauchten in eine Dunkelheit ab, die ihn nicht mehr loslassen wollte. Erst, als Azar nicht antwortete, merkte Jussef, dass etwas ganz und gar nicht stimmte. Er konnte sich nicht daran erinnern, seinen Vater je so gesehen zu haben. Das eingefallene Gesicht deutete darauf hin, dass alle Kräfte seinen Körper verlassen hatten. Erschrocken rüttelte er ihn unsanft hin und her. „Vater, was ist mit dir! Geht es dir nicht gut? Bist du krank? Soll ich den Arzt holen?“ Für einen Moment schien Azar ins Leben zurückzukehren. Er schaute seinen Sohn traurig an. Die Worte kamen wie in Zeitlupe langsam und undeutlich aus seinem Mund. „Es ist alles aus und vorbei. Meine Nase, all diese Gewürze hier... ich rieche nichts, ich schmecke nichts... ich rieche nichts, gar nichts." Augenblicklich erkannte Jussef die Katastrophe. Sein Vater roch nichts mehr. Er konnte keine Gewürze mehr verkaufen. Nun ja, einfache Gewürze vielleicht schon noch, aber nicht mehr die paradiesischen Mischungen. Ratlos schaute Jussef auf all die kostbaren Waren. Bald würden die ersten Kunden kommen und mitten im Unglück stehen. Als sein Blick wieder auf den Vater fiel, machte er sich jedoch viel größere Sorgen um seinen Gesundheitszustand. Das Geschäft musste heute geschlossen bleiben. Schweren Herzens hob er seinen Vater vom Schemel, verschloss die Ladentür und trug ihn zurück in seine Wohnung. Seine Mutter Amina war gerade aufgestanden und trank mit Genuss den Tee, den Azar zuvor zubereitet hatte und auf einem Stövchen warmhielt. Als sie ihren Sohn und ihren Mann so kraftlos in seinen Armen sah, ließ sie vor Schreck die Teeschale fallen. „Was ist mit Vater geschehen? Warum sieht er so eingefallen aus? Ist es sein Herz oder eine Kreislaufschwäche?" fragte sie, als der erste Schock gewichen war. „Ich weiß es nicht", antwortete Jussef, „er sagte etwas von seiner Nase und davon, dass er nicht mehr riechen könne und dass alles aus und vorbei sei. Aber jetzt hilf mir, ihn auf sein Bett zu legen. Ich bin völlig fertig." Also packte Amina mit an und behutsam betteten sie Azar auf sein Nachtlager. Jussef und seine Mutter standen ratlos vor dem Kranken und wussten nicht, was sie außerdem für ihn tun konnten. Sie hatten noch nie von einer Krankheit wie dieser gehört und ahnten, dass kein Arzt der Welt hier würde helfen können. Dennoch versuchten sie in den nächsten Tagen alles. Ärzte, Apotheker und Wunderheiler gaben sich die Klinke in die Hand, doch nicht ein Einziger wusste Rat. Azar selbst lag teilnahmslos auf seinem Bett und starrte die Decke an. Es war nicht daran zu denken, den Gewürzladen wieder zu eröffnen, denn niemand konnte den Gewürzhändler ersetzen. Jussef war zwar die Seele des Geschäftes, aber es fehlte das Herz. In dieser Situation waren die Gewürze einfach nur Gewürze ohne den paradiesischen Beigeschmack. Jussef schlich Tag für Tag durch die Gassen und suchte nach einer Lösung. Er fand es unerträglich, wie die Nachbarn ihn mitleidig anschauten und die anderen Gewürzhändler hämisch über den Untergang des berühmten Gewürzhauses grinsten.

In Gedanken versunken stand er eines Morgens mitten in einer Schar von Menschen, die dem Geschichtenerzähler Achmad zuhörten. Er konnte wunderbar erzählen, denn die Leute hörten ihm gebannt zu. Als er die Geschichte von der syrischen Schatzhöhle erzählte, wachte Jussef aus seinen Grübeleien auf. Was hatte er da gehört? Der Geschichtenerzähler sprach von drei weisen alten Königen, die einen neugeborenen König in Bethlehem besuchen wollten. Sie kannten in Syrien einen geheimen Ort, wo etwas Kostbares über viele Jahrhunderte verborgen lag. Als Adam und Eva das Paradies verlassen mussten, versteckten sie in ihren Kleidern Gold, Weihrauch und Myrrhe. Sie taten es verbotenerweise und legten das Gestohlene in einer Höhle nieder. Das Gold stand für die Königs-würde, die sie durch das Essen von der verbotenen Frucht verloren hatten. Die Myrrhe bewirkte die Heilung aller körperlichen und seelischen Leiden. Und der Weihrauch war die kostbare Gabe, die es ermöglichte, jederzeit mit Gott in Verbindung zu treten. Diese drei Geschenke brachten die Weisen dem neugeborenen König von Israel mit. Wenn sein Vater geheilt werden konnte, dann nur mit göttlichem Beistand. Jussef fragte sich, ob es diese Myrrhe aus dem Paradies noch gab. War sie in all den Jahren aufgebraucht? Handelte es sich lediglich um ein frommes Märchen, das die Menschen in ihrem Elend tröstete? Er musste unbedingt eine Antwort finden und wartete fieberhaft, bis der Geschichtenerzähler zum Ende kam und die Menschenmenge sich nach und nach auflöste. „Achmad“, sprach er ihn ungeduldig an, „was weißt du mehr über diese Myrrhe aus dem Paradies? Ist irgendwo in der Welt noch etwas davon übrig? Kannst du mir das sagen?" Achmad erlebte es selten, dass die Leute so genau die Einzelheiten seiner Geschichten erfahren wollten. Gutwillig antwortete er: „Bist du nicht Jussef, der Sohn von Azar? Ich habe von dir und dem Schicksal deines Vaters gehört. Das gäbe eine gute neue Erzählung für mich. Aber ich will nicht von deinem Unglück profitieren. Ich weiß nur wenig mehr über den Verbleib der Myrrhe. Du solltest zum Bischof Markus gehen. Er hat den besagten König von Israel kennen gelernt und nennt sich nun Christ. Er hat sogar viele Geschichten von diesem Jesus aus Bethlehem aufgeschrieben, freilich kurz und knapp, aber nicht schlecht. Geh zu ihm. Ich kann dir leider nicht weiterhelfen."

Jussef hatte zwar schon einmal von den Christen gehört, er kannte jedoch weder den Bischof noch etwas von Jesus und seinen Wundertaten. Zur Rettung seines Vaters wollte er alles versuchen und machte sich auf den Weg, von Markus mehr zu erfahren über die geheimnisvolle Myrrhe. Er hatte Glück, denn er fand ihn vor der jüdischen Synagoge in einem Gespräch vertieft mit einem älteren Gelehrten. „Bist du Markus, der Bischof?" fragte Jussef. „Ja", entgegnete dieser, „was möchtest du von mir?" Schüchtern trug er ihm sein Anliegen vor. „Mein Vater ist krank. Es handelt sich dabei um eine seltsame Krankheit. Er kann nicht mehr riechen und schmecken und liegt nur noch teilnahmslos im Bett. Ich habe gehört, dass Weise damals dem neuen König Geschenke brachten, unter anderem auch Myrrhe. Genau diese Myrrhe brauche ich für meinen Vater. Willst du mir sagen, wo ich sie finde?" Markus schaute ihn verwundert an. „Dass du etwas von dieser Geschichte weißt, wundert mich doch sehr. Du kennst Jesus nicht, du bist kein Christ, aber du hast von der Myrrhe gehört. Ich glaube nicht, dass dieses Harz dir helfen wird. Es wird dir eher das Vertrauen in Gott helfen, denn er ist es, der heilen kann. Was ich jedoch weiß, will ich dir gerne sagen. Ja, es stimmt. Maria bewahrte über viele Jahre die Myrrhe auf, und als Jesus am Kreuz starb, fertigte sie daraus mit Aloe eine Mischung, um damit ihren Sohn zu salben. In meiner Erinnerung hat sie davon nichts übrigbehalten. Es gibt jedoch noch eine weitere Legende. Der Weise aus dem Morgenland brachte nicht nur das Harz des Myrrhenstrauches, sondern auch etwas Samen. Den streute er vor dem Stall zu Bethlehem aus. So wurde dieser Ort für alle Zeiten geheiligt. Aber wie gesagt, es handelt sich wahrscheinlich um eine Legende. Ich kenne niemanden, der das bisher überprüfte. Wenn du es wissen willst, bleibt dir nichts anderes übrig, als dich auf den Weg nach Israel zu machen. Solltest du dich dazu entscheiden, wünsche ich dir Gottes Segen auf deiner Reise."

Jussef hatte sich nicht vorgestellt, dass es so schwierig werden würde, dieses paradiesische Harz zu bekommen. Aber ein kleiner Funke Hoffnung blieb ihm. Schweren Herzens müsste er sein geliebtes Alexandria und seine Eltern verlassen, um sein Ziel zu erreichen. Wie sollte er je allein nach Bethlehem kommen, wo er doch nur mit seiner Heimatstadt vertraut war. All die Orte, von denen sie ihre Gewürze bezogen, kannte er nur von den Erzählungen der Händler. Nachdenklich machte er sich auf den Heimweg.

Samstag, zweite Woche

Mein Herz ist heute schwach.

Ich schenke ihm einen Wimpernschlag lang Pause.

16 Die Narrenkarawane, Teil zwei

Als Jussef sich dem Platz der sieben Wege näherte, vernahm er immer häufiger die Rufe: „Die Narrenkarawane kommt! Seid vorsichtig und gebt auf die Kinder Acht! Haltet euer Geld zusammen, passt auf euren Besitz auf!" Jussef kannte die Narrenkarawane. Sie kam in unregelmäßigen Abständen nach Alexandria und bestand aus einer Ansammlung von Menschen und Tieren, die nach ihren eigenen Gesetzen lebte. Sie verstanden sich selber als das wandernde Königreich ohne persönlichen Grund und Boden. Doch eigentlich war es nur eine Gruppe von Ausgegrenzten, Männer und Frauen aus allen Ländern der damaligen Welt. Darunter gab es Gaukler und Akrobaten, Zauberer und Lebenskünstler, Hellsichtige und Heiler. Die Kinder der Narrenkarawane wurden einst von ihren Eltern ausgesetzt oder verkauft. Die Tiere wurden wegen Unbrauchbarkeit und anderer Defekte von ihren Besitzern verjagt. Störrische Esel und ausgemergelte Pferde zogen die klapprigen und geflickten Wagen, die niemand freiwillig stehlen würde. In der Karawane liefen Kinder mit zu großen Köpfen, einbeinige oder einarmige Männer und Frauen, teilweise mit entstellten Gesichtern und unbeschreibbare Wesen, für die es in der Gesellschaft keine Verwendung gab. Der Anführer hieß Tarik, ein einäugiger, dunkelhäutiger Nubier. Ihm zur Seite stand Asmara, die Astrologin und Heilerin des fahrenden Volkes. Sie waren ein Paar und fuhren mit ihrem klapprigen Wagen immer voraus.

Sie wählten die Plätze aus, wo sie übernachteten und wo sie auftraten mit ihren eigenartigen Darbietungen.

Die Menschen in den Städten fürchteten sich, wenn die Narrenkarawane kam, doch zugleich ging von dieser Gruppe eine Faszination aus, der sich niemand entziehen konnte. Zu exotisch waren die Aufführungen, die sie auf den Plätzen veranstalteten und zu verlockend priesen sie die Medikamente an, die Heilung für alle Gebrechlichkeiten versprachen. Zu Truppe gehörten zum Beispiel die Zwillinge Jerba und Meruteb, die sich so ineinander verdrehen konnten, dass sie aussahen wie ein Mensch mit zwei Köpfen. Kein Außenstehender war mehr in der Lage, beide voneinander zu trennen. Es wirkte so, als ob ihre Körper miteinander verschmolzen waren. Es gab da auch den Pseudofakir Salim, der sich mit entblößtem Oberkörper auf ein Nagelbrett legte. Bevor er das tat, füllte er eine Schweinsblase mit Hühnerblut, klebte sich diese auf den Rücken und bestrich alles mit Talg, so dass man die gefüllte Blase nicht mehr sehen konnte. Anschließend legte er sich auf das Nagelbrett. Die Nägel durch-bohrten die Blase und das Hühnerblut ergoss sich auf das Brett. Die Zuschauer erschraken sich fast zu Tode, wenn Salim sich vor Schmerzen krümmte. Dann kam der große Auftritt von Asmara. Sie bedeckte den Rücken des Fakirs mit einem Tuch, sprach ein paar Zaubersprüche, strich mit dem Stoff ein wenig hin und her und es ereignete sich wieder einmal das außergewöhnliche Wunder! Die scheinbar blutigen Stellen verheilten und keine Narbe blieb zurück. Die Vorführung diente einzig und allein dem Zweck, im Anschluss daran den Leuten Wundermittel aufzu-schwatzen, die in der Regel aus einem mit dem Sud einer stinkenden Pflanze angereicherten Wasser bestanden. Die Truppe verstand es, zu überleben. Sie gehorchten keinem Gesetz und folgten nur ihrer Intuition und einem untrügerischen Instinkt, dass sich die Welt zusammensetzte von Wundern und Überlebensmöglichkeiten.

Auch Jussef erlag der Faszination der Narrenkarawane. Doch als er den Platz der sieben Wege erreichte, erlebte er es anders als die Male zuvor. Er fühlte sich nicht wie sonst als Zuschauer, sondern als ein neues Mitglied dieser Gruppe. In wenigen Tagen verwandelte er sich in einen Heimatlosen, einen verzweifelt Suchenden nach einer Pflanze, von der er nicht wusste, ob sie überhaupt existierte. Auch wenn er noch Vater und Mutter besaß, kam er sich vor wie ein Verlorener, ein Mensch ohne Chancen auf eine glückliche Zukunft. Als die Künstler mit ihren akrobatischen Übungen begannen, blieb er nicht bei den Zuschauern. Er reihte sich ein mitten unter die Gaukler und grüßte alle so, als ob er sie von Ewigkeit her kannte. Auch das Volk der Narrenkarawane tat so, als gehörte er dazu. Niemand stellte eine Frage, keiner schaute verwundert. Allzu oft hatten sie es erlebt, dass sich jemand zu ihnen gesellte und ab dem Zeitpunkt zu einem der Ihren wurde.
Jeder Auftritt schloss mit dem Lied vom Königreich des fahrenden Volkes. Beim Singen hielten sie sich gegenseitig die Hände, denn es ging um die Freiheit des Menschen, und darum, dass alle Freiheitsliebenden sich dabei helfen und beistehen mussten. So endete auch an diesem Tag die Vorführung. Tarik, der Nubier und Asmara begrüßten Jussef anschließend in ihrer Mitte. Geduldig warteten sie, bis er ihnen seine Geschichte erzählte. Asmara war zwar eine Heilerin, sie hatte allerdings nie von der heiligen Myrrhe gehört. Doch etwas in der Stimme von Jussef überzeugte sie schnell. Sie nickte ihrem Partner zu, richtete ihren Blick fest auf das Volk der Ausgegrenzten und verkündete: „Heute noch brechen wir auf. Unser Ziel heißt Bethlehem im fernen Israel. Wir helfen diesem jungen Mann bei der Suche nach der heiligen Myrrhe." Keiner fragte nach, niemand erhob Einwände oder wollte etwas Genaueres wissen. So war das nun einmal bei diesem Wandervolk. Sie folgten der Eingabe ihres Herzens, ohne Widerspruch und Frage, ohne Zögern und Befürchtungen. Einen so weit reichenden Entschluss fassten sie nicht

zum ersten Mal. Vor einigen Jahren glaubte ein Kind seine Eltern in Peking im fernen China und alle machten sich gemeinsam auf den Weg dorthin. Das ganze Unternehmen dauerte viele Monate. Sie fanden zwar nicht die Gesuchten und trotzdem waren sie überzeugt davon, richtig gehandelt zu haben.

Jussef kam aus dem Staunen nicht mehr heraus, als die Gaukler, Narren und Akrobaten, die Kinder und die Alten ihre Sachen packten. Sie wiesen ihm einen Platz auf einem Karren zu und eine halbe Stunde später ließen sie Alexandria hinter sich. Er kam sich vor wie im Traum, so unwirklich wendete sich sein Geschick. Sechsundvierzig Menschen, dazu Pferde, Esel und Hühner, Wanzen und Flöhe gingen ihm zuliebe nach Bethlehem, nicht wissend, ob sie ankommen würden und ohne jeden Hintergedanken, jemals selber davon profitieren zu können. Jussef lernte sie alle unterwegs kennen, und vertraute sich mit ihren Lebensschicksalen, mit ihren unglaublichen Fähigkeiten und Talenten, den Merkwürdigkeiten und manchen Geheimnissen, die sie in sich trugen. Es ergäben sich Geschichten für ein dickes Buch, doch es würde uns auch abbringen vom Kern unserer Erzählung, nämlich der Suche nach der heilenden Myrrhe von Bethlehem.

Viele Wochen dauerte die Wanderschaft, denn sie mussten immer wieder etwas für ihren Lebensunterhalt verdienen. Das Talent von Jussef offenbarte sich im Laufe der Reise. Er entwickelte sich zum Ausrufer der Darbietungen. Niemand konnte die Akrobaten so feurig ankünden wie er. Niemand konnte die Kunststücke so in Geschichten einbinden wie Jussef, so dass die Zuschauer am Ende nicht mehr wussten, was Wahrheit und was Erfindung war. Er freute sich jeden Tag neu auf seine Aufgabe, denn so war er in der Lage, etwas von der Freundlichkeit und den Mut seiner neuen Familie zurückzugeben. Zugleich lenkten ihn die Schauspiele ab von trübsinnigen Gedanken über sein zu Hause in Alexandria.

Eines Tages erreichten sie das ferne Bethlehem, doch es erwies sich als schwierig, den Stall von damals ausfindig zu machen. Die Einwohner dieses Dorfes hatten noch nie etwas gehört von dem Myrrhenstrauch und zeigten sich bei der Suche nicht sonderlich behilflich. Asmara befragte die Sterne und Tarik seine nubischen Ahnen. Mit vereinten Gedanken und Wünschen fanden sie schließlich das, was sie suchten. Wieder einmal staunte Jussef. Er sah in seiner Phantasie, dass ein Busch, gewachsen aus dem Samen des Paradieses prächtig und stark sein müsste. Doch es kam anders. Mit seinen Anführern stand er vor einem kümmerlichen Strauch, der vom Staub der Jahre überzogen war und kaum ein Lebenszeichen von sich gab. „Drei Portionen Myrrhe", sagte Asmara, „mehr gibt dieses Gewächs nicht her. Wir müssen behutsam sein, damit die Pflanze nicht stirbt, wenn wir etwas davon ernten." Sie zog ein scharfes Messer aus ihrem Rockgürtel und schnitt vorsichtig eine winzige Kerbe an die Stelle des Strauches, die am Gesündesten aussah, und ließ das Harz auf ein Stück Pergament tropfen. Nach einigen Augenblicken erstarrte die zähe Flüssigkeit. Asmara hielt ihre heilenden Hände über die Wunde des Strauches, so dass man den Einschnitt nicht mehr erkennen konnte. Sie wickelte die drei kleinen Harzkörner in ein Stückchen Stoff und übergab sie Jussef mit einem zufriedenen Lächeln. „Unser Werk hier ist getan. Hoffen wir, dass die Pflanze sich erholt und noch anderen Menschen dienen kann." Mit einem Zweig zog sie einen magischen Kreis um den Myrrhenstrauch, damit er für alle Zeiten geschützt war.

Mit ihrem unscheinbaren Schatz machte sich die Narrenkarawane am folgenden Tag zurück auf den Weg nach Alexandria. Den Beutel mit der Myrrhe verwahrte Jussef auf der Brust, direkt an seinem Herzen. ‚Jetzt kann ich Vater retten, endlich!' freute er sich und sah ihn schon geheilt und glücklich vor sich stehen.

Doch während die Hinreise nach Bethlehem unter einem guten Stern stand, veränderte sich plötzlich alles auf der Rückreise. Wüstenstürme und brennende Sonne peinigten ihren Weg. In einem unbedachten Augenblick geriet Salim mit seinem Fuß zwischen die Räder eines Wagens. Dabei brach er sich den Fuß und der Fakir litt unerträgliche Schmerzen. Selbst Asmara wusste keinen Rat mit ihren Heilkräutern. Die Beschwerden verstärkten sich von Minute zu Minute und es stellte sich zusätzlich eine Entzündung ein, die den Zustand des Fußes noch verschlimmerte. Niemand sprach den jungen Mann auf seine Myrrhe an, aber alle dachten an die Wunderkraft dieses Harzes. Auch Jussef wurde es schwer ums Herz. Konnte er Salim in seinen Schmerzen allein lassen und nur an seinen Vater denken? Er vermochte es nicht und ging mit seinem Beutel zu Asmara, gab ihr eines der wertvollen Körner und hoffte auf ein Wunder. Die Heilerin schaute ihn dankbar an. Sie wusste, wie viel Kraft es ihm kosten musste, etwas von seiner kostbaren Gabe herzugeben. Sie nahm die Myrrhe entgegen, zerrieb sie mit einem Stößel, fertigte daraus einen Brei und versorgte damit Salims Fuß. Das Wunder geschah. Nur wenige Augenblicke später hörte der Schmerz auf und am Ende des Tages war der Fakir völlig geheilt. An diesem Abend feierten sie ein großes Fest und die Blicke der ganzen Narrenkarawane richteten sich voller Freude auf Jussef, der verlegen von den Gauklern die Dankesbezeugungen entgegennahm. Es blieben ihm ja noch zwei kostbare Körner. Diese mussten halt reichen.

Doch am folgenden Tag ereignete sich das nächste Unglück. Tarik fiel plötzlich in eine tiefe Ohnmacht und keiner konnte einen Grund dafür erkennen. Trotz aller Bemühungen vermochte es Asmara nicht, den Bewusstlosen zum Leben zu erwecken. Er schien wie tot zu sein. Dieses Mal tat Jussef es sich schwerer damit, einen der verbleibenden Myrrhe Körner zur Verfügung zu stellen. Dennoch gab er seinem Herzen erneut einen Stoß. Er wollte nicht schuld am Tod eines Menschen sein, der ihn so freundschaftlich aufgenommen hatte. Wieder zerrieb Asmara die Myrrhe, kochte daraus einen Tee und flößte ihn mit großer Anstrengung

dem ohnmächtigen Tarik ein. Dieser schlug die Augen auf, lachte die Umstehenden an und konnte sich nicht mehr erinnern an seinen fast todesähnlichen Zustand. Den Wanderern fiel ein Stein vom Herzen, denn ohne ihren Anführer wären sie orientierungslos gewesen. Alle empfanden noch größere Dankbarkeit als am Tag zuvor. Sie hofften, dass es kein neues Unglück geben würde, so dass Jussef wenigstens das eine Myrrhe Korn nach Hause tragen könnte.
Die folgenden Tage verliefen Gott sei Dank ohne weitere Zwischenfälle und sie erreichten die Grenze nach Ägypten. Als sie jedoch eines Abends ihre Zelte aufschlugen, Tee kochten und das Essen zubereiteten, brach das dritte und größte Unglück aus. Nach und nach klagten immer mehr über entsetzliche Bauchschmerzen. Die Beschwerden kamen plötzlich und breiteten sich aus wie eine Epidemie. Asmara erkannte, dass die Ursache dafür am Wasser für den Tee lag. Tierkadaver hatten es vergiftet. Selbst Jussef konnte kaum noch atmen vor Schmerzen. So musste er das einzige Korn, das ihm blieb, hergeben. Sonst wären alle gestorben. Unter Aufbringung ihrer letzten Kräfte bereitete Asmara wieder einen Sud aus der Myrrhe und gab ihrem Volk und auch dem Vieh einen kleinen Schluck davon zu trinken. Sie konnte zwar jeden dadurch retten, doch zugleich wuchs der Schrecken, dass nichts von dem Wunderharz übrig blieb. So breiteten sich Stille und Bedrückung über das ganze Lager aus. Die größte Verzweiflung jedoch befiel Jussef, der niedergeschlagen auf dem Boden saß und keinen Schritt mehr weitergehen wollte. Auch Asmara vermochte nicht, ihn zu trösten. Ja, er konnte viele Menschen retten, aber sein eigener Vater schien verloren. Die Reise und die enormen Anstrengungen waren vergeblich. Traurig nahm Tarik den Jussef in seine Arme, hob ihn hoch und setzte ihn in einem Wagen ab. Den letzten Rest des Weges sprachen sie nur das Notwendigste. Tief bedrückt zogen sie schweigend in Alexandria ein. Keiner kündigte eine Aufführung an und niemand bettelte. Stumm zog die Karawane bis zum Haus des Vaters von

Jussef. Asmara ließ es sich nicht nehmen, die traurige Nachricht zu überbringen. Amina öffnete die Tür und staunte über die Narrenkarawane vor ihrem Tor. Doch wie glücklich strahlte sie, als sie ihren Sohn lebendig vor sich entdeckte. Sie vermisste ihn seit vielen Wochen. Sie wusste nicht, wo er sich befand und hielt ihn schon für tot. Jussef konnte nur stammeln. „Mutter, es ist aus und vorbei. Vater ist verloren. Ich habe es verpfuscht. Die Myrrhe aus Bethlehem musste ich hergeben. Es ist nichts mehr übrig." Amina jedoch verstand kein Wort von dem, was ihr Sohn da sagte. „Welche Myrrhe? Wieso Bethlehem? Was machst du bei diesen Leuten? Warum ist alles verloren? Was redest du da! Azar geht es ausgezeichnet! Wärst du hiergeblieben, hättest du miterlebt, wie er plötzlich wie von den Toten auferstand!" Fassungslos schaute Jussef seine Mutter an. „Vater ist gesund? Wie ist das geschehen? Welches Wunder hat ihn gerettet?" Und so erzählte Amina, dass die Genesung vor wenigen Wochen begann. Völlig unvorhergesehen kehrte das Leben in Azar von einem auf den anderen Tag zurück. Schon bald danach konnte er schmecken und einige Zeit später fand er seinen Geruchssinn wieder. Jeder Heilungsschritt kam unerwartet, als ob im Himmel jemand mit den Fingern geschnippt hätte. Nachdenklich schaltete sich Asmara an dieser Stelle ein. „Kannst du dich an die genauen Zeitpunkte der Wunder erinnern?" Amina konnte jeden Tag benennen und sogar die Stunde. Da rechnete die Heilerin nach. „Das Erwachen fand zur gleichen Zeit statt, als unser Fakir geheilt wurde. Das Wunder des Schmeckens ereignete sich, als Tarik aus seiner Ohnmacht erwachte und der Geruchssinn kam wieder, als wir alle mit dem Tode rangen und gerettet wurden. Ohne dass wir es ahnten, entfaltete die Myrrhe ihre Wirkung an zweit Orten gleichzeitig." Da endlich begriff es auch Jussef. Nichts war verloren. Nichts von dem, was er tat, war vergeblich gewesen. Wenn er den Menschen in der Narrenkarawane nicht geholfen hätte, wer weiß, was mit seinem Vater geschehen wäre. Es handelte sich eben doch um keine gewöhnliche Myrrhe, sondern um eine paradiesische. Ihre Wirkung konnte sich entfalten, indem man sie ohne Zögern einsetzte, für denjenigen, der in Not geraten war. „Wo hält er sich auf, Mutter, wo kann ich ihn finden?" fragte er aufgeregt. „Na, wo soll er schon sein?" entgegnete Amina, „in seinem geliebten Gewürzladen. Heute fand die Neueröffnung statt. Richtig gesund wird er jedoch erst, wenn er dich wieder in seine Arme schließen darf. Lauf zu ihm hin!" Das ließ Jussef sich nicht zweimal sagen. So flink ihn seine Füße tragen konnten, eilte er ins Geschäft seines Vaters.

Asmara und Tarik, Salim und allen anderen aus der Narrenkarawane fiel ein großer Mühlstein vom Herzen. Als Azar und sein Sohn Arm in Arm nach Hause kamen, feierten sie miteinander ein Fest, von dem die Menschen in Alexandria noch Wochen lang erzählten. Der Gewürzladen kehrt zu alter Blüte zurück. Doch zugleich fand eine Veränderung statt. Jeden Tag wachten Azar und Jussef mit einem tiefen Gefühl von Dankbarkeit auf. Sie freuten sich über das Geschenk des Lebens und nährten sich von der Hoffnung, dass Wunder immer wieder geschahen.

Der dritte Sonntag im Advent

Mein Atem ist großzügig.

Eine extra Portion Duft für mein Herz.

17 Effata – öffne dich, Teil 3

Kapitel 3: das Land des Segens

Als Ariko und Jorinda am nächsten Morgen erwachten, fühlte sich ihr Herz leicht und befreit an. An diesem Tag brauchten sie nicht zur Schule, weil die Lehrer den ganzen Tag mit einer Konferenz zubringen mussten. Solche Tage zählten zu den Lieblingstagen. Es fühlte sich an wie ein Tag mit geschenkten Schulferien mitten im Halbjahr. Doch das leichte Gefühl heute hing nicht mit der Schule zusammen, sondern eher mit der Vorfreude auf das Land des Segens. Obwohl beide noch nicht wussten, was auf sie zukam, fing das Frühstück anders als gewöhnlich an. Wie immer gab es Müsli und Kakao, aber an diesem Tag schmeckte alles intensiver und besser. Der hinein geraspelte Apfel duftete köstlich, der Kakao roch ausgesprochen schokoladig und die Nüsse im Müsli waren viel nussiger als sonst. Nach dem Frühstück räkelte Jorinda sich: „Ach, was geht es uns heute gut. Solche Tage sollte es öfter geben; schulfrei und ein Bombenfrühstück. Doch jetzt lass uns losgehen. Das Land des Segens wartet auf uns." Ariko ließ sich nicht lange bitten und wenige Augenblicke später machten sich die Zwei auf dem Weg zur Mauer, hinter der jeder nur eine Wiese vermutete. Nur sie beide waren die einzigen Lebewesen, die um das Geheimnis der vier Türen wussten. „Effata" – öffne dich; einfach nur das Wort ausgesprochen, und schon öffnete sich ein Tor; allerdings immer nur eines, und das in der vorgegebenen Reihenfolge.

So standen sie vor der Tür mit der Aufschrift: Land des Segens. Segen, das wussten sie vom Religionsunterricht, ist etwas Gutes. Der Pastor segnete sie in der Kirche und Vater und Mutter machten jeden Abend vor dem Zubettgehen bei ihnen ein Kreuzzeichen auf die Stirn mit dem Satz: Gott segne und beschütze dich. Ohne dieses Zeichen wollten sie jedenfalls nicht einschlafen.

„Effata“ – hieß es zum dritten Mal für Ariko und Jorinda. Sie machten die gleiche Erfahrung wie an den beiden Tagen zuvor, dass sich die Tür automatisch öffnete und die Sicht dahinter freigab. Heute brauchten sie nicht einmal die Tür aufzustemmen. Ganz weit ging die Tür auf. Schon auf den ersten Blick erkannten sie die Veränderungen zum Vortag. Fröhliche Stimmen kamen ihnen entgegen. Es wurde gelacht, gesungen und gespielt – und … sie sahen ein Land, in dem nur Kinder lebten. Einige winkten Ariko und Jorinda zu: „Kommt herein! Herzlich willkommen! Wollt ihr mitspielen?“ Das ließen sie sich nicht zweimal sagen. Als sie jedoch eintraten, merkten sie, dass der Grund, auf dem sie standen sich anders anfühlte als jeder Boden, den sie kannten. Es handelte sich nicht um Stein, Erde, Wiese oder Holz. Der Untergrund fühlte sich weich an, lebendig und behaglich. Sie hatten den Eindruck, als ob sie auf eine Fußbodenheizung standen, die zugleich so angenehm war wie eine Turnmatte. Als die beiden sahen, dass die übrigen Kinder barfuß gingen, zogen auch sie sich geschwind ihre Schuhe aus, um den warmen Untergrund zu genießen. „Was mag das wohl sein, worauf wir gehen?“ fragte Ariko seine große Schwester. „Ich habe keine Ahnung, es fühlt sich einfach nur klasse an.“ Doch der Boden ließ Ariko keine Ruhe und er befragte den ersten Jungen, den er traf. Der lachte nur, freute sich und sagte: „Weißt du es wirklich nicht? Das wundert mich aber. Du befindest dich in der großen Hand.“ Ungläubig schüttelte Ariko den Kopf: „Die große Hand? Eine solch große Hand kann es nicht geben. Von hier aus sehe ich ja nicht einmal das Ende!“ „Doch, doch“, entgegnete der Junge, „es ist die große Hand, die uns erschaffen hat, die uns beschützt und dafür sorgt, dass wir spielen dürfen und uns geborgen fühlen. Sie passt auf, dass wir uns nicht stoßen und verletzen. Mit ihrer Wärme frieren wir nicht. Und wenn das mächtige dunkle Etwas von der Ferne her auf uns zukommt, gibt es außerdem die andere Hand. Bei Gefahren kommt sie und legt sich wie ein schützendes Dach auf uns. Alle, die wir hier leben können das spüren und glauben. Und jetzt schau nicht so ungläubig, sondern spiel mit mir.“ Auch wenn die große Hand für Ariko immer noch sehr rätselhaft war, wollte er doch gerne mit dem fremden Jungen zusammen sein, denn die Spiele, die dort gespielt wurden, kannte er bisher überhaupt nicht. Jorinda hatte sich einige Zeit zuvor von ihm entfernt und neue Freundinnen gefunden. Das Spiel, das das Kind mit ihm spielte, hieß: Schweben in der Seifenblase. Er blies dabei mit dem Mund eine riesengroße Blase und schlüpfte anschließend hinein, ohne dass sie platzte. Ariko glitt einfach hinterher und schon wurde er so leicht, dass er in der Seifenblasenkugel schweben konnte. Es fühlte sich an wie Fliegen, nur dass man kein Flugzeug dafür brauchte. Es sah fast so aus, wie bei den Astronauten im Weltraum, die er im Fernsehen beobachtet hatte. Immer neue Kunststücke probierte er mit dem Jungen aus und wollte gar nicht aufhören. Als beide endlich doch erschöpft waren, spielten sie mit Anderen das Blumenstreichelspiel, wobei es darum ging, dass die Blumen durch die Berührung ihrer Hände anfingen, Musik zu machen. Viele Kinder schlossen sich diesem Spiel an, bis es schließlich ein ganzes Orchester aus musizierenden Pflanzen gab. „Wenn wir das jemanden erzählen, wird uns das niemand glauben“, sprach Jorinda laut vor sich hin. An ihrer Seite saß ein kleines Mädchen mit rosa Zöpfen und spielte ein kompliziert aussehendes Pflanzeninstrument. Ich frage sie einmal, dachte sich Jorinda, worin das Geheimnis dieses Landes besteht und warum es so etwas Schönes in ihrer eigenen Welt nicht gab. Doch noch, bevor sie ihren Wunsch vortragen konnte, schaute das Mädchen mit den rosa Zöpfen sie an: „Ich weiß, du und dein Bruder, ihr kommt aus der Diesseitswelt. Die große Hand erzählte es uns. Ihr nennt die große Hand

Gott. Wir sagen lieber »große Hand«, weil wir sie besser spüren und erleben können. In deiner Welt siehst du oft nur das, was du nicht magst und was nicht funktioniert. Ihr tragt zu viele Wünsche im Herzen und erkennt nicht, welche davon sich längst erfüllt haben. Wenn ihr spielt, denkt ihr schon an das nächste Spiel. Und wenn ihr etwas esst, wollen eure Augen immer noch mehr haben. Ihr hört nicht die Musik der Blumen und seht nicht Farben des Windes. Dabei überseht ihr die Welt voller Wunder. Die große Hand sagt: In jedem Augenblick das Leben spüren, das ist Segen. Was ich dir jetzt sage, weiß ich natürlich nur, weil die große Hand uns manchmal von der Diesseitswelt erzählt. Ach ja, ich soll euch beiden noch etwas mit auf den Weg geben. Leider dürft ihr nur heute zu Besuch bei uns bleiben. Ihr müsst schon bald zurückkehren. Ihr sollt aber allen Menschen mitteilen: Es gibt die große Hand. Sie segnet und beschützt dich und du kannst dich auf sie verlassen." Da wurde Jorinda ein wenig traurig, denn sie wäre gerne für immer im Land des Segens geblieben und Ariko sicherlich auch. Ihm wollte sie es nun schonend beibringen, dass sie zurück in ihre so genannte Diesseitswelt gehen mussten. Als das Blumenkonzert zu Ende ging, nickte das Mädchen mit den rosa Zöpfen ihr zu: „Es ist jetzt so weit. Jeden Abend, wenn die Sonne untergeht, tauchen wir ein in die große Hand, damit wir ruhig schlafen können. Euer Körper ist anders beschaffen, ihr braucht eure Eltern und ein Bett für einen sorgenfreien Schlaf. Nimm deinen Bruder und mach dich auf den Weg."

Also brach Jorinda auf und führt Ariko mit sich, der ziemlich verträumt aussah. An der Tür, die inzwischen aufgesprungen war, drehten sich beide noch einmal um. Die Abendröte verwandelte den Ort auf der großen Hand in ein buntes Lichtermeer und verhieß Frieden und Segen für alle Geschöpfe. Auf dem Weg nach Hause ging ein Ruck durch Ariko, so, als hätte er lange geschlafen und wäre gerade wach geworden. „Befinden wir uns in der Wirklichkeit oder im Traum? Die himmlischen

Spiele, die phantastische Musik, die große Hand?" „Ach Ariko", entgegnete seine Schwester, „ich glaube, auf diese Frage finden wir keine Antwort. Wir haben etwas Wunderbares erlebt, sei es nun ein Traum oder Wirklichkeit. Die Kraft des Segens der großen Hand geht ab heute auch mit uns." Zu Hause angekommen waren sie noch so versunken, dass sie früh ins Bett gingen und nicht an den nächsten Tag dachten, an dem sie die letzte der vier Türen öffnen wollten.

Montag, dritte Woche

Heut ist mir das Herz in die Hose gerutscht.

Doch ich habe eine gut gefütterte Tasche.

18 Die Legende von der Erschaffung der Welt - Ein Schöpfungslied

Als die Welt noch nicht existierte, nicht die Sterne und Planeten, nicht der Weltraum und alle Materie, war einer jedoch schon da. Heute nennen die Menschen ihn Gott. Gott war da, und er war seit ewigen Zeiten da. Doch was tat er, als sonst noch nichts da war? Er dachte, er dachte und er dachte; er dachte lange nach. Und er fühlte, er fühlte und fühlte; er fühlte tief in sich hinein. Er hätte mit sich einfach zufrieden sein können, denn sein Denken war vollkommen, sein Fühlen ohne Einschränkungen – und dennoch: Er konnte es fast selbst nicht begreifen, wie und wann es auf einmal kam. Er war sich seiner überdrüssig, etwas fehlte. Wem sollte er seine Gedanken mitteilen, wem seine Gefühle zeigen, wem sich zuwenden? Und er erschrak vor der plötzlichen Erkenntnis: Ich bin allein!

Gott wäre nicht Gott, wenn er es dabei bewenden ließe. Er beschränkte sich nicht auf das Denken und Fühlen. Er beschloss auch ein Schaffender sein, ein Schöpfer. Wundervolle Dinge wollte er sich zur Freude schaffen und ein Gegenüber, mit dem er sich verbinden konnte. Und so fing er an zu formen und zu gestalten. Es muss etwas sein, so dachte er, was mir entspricht; fest und dauerhaft, verwurzelt und geordnet. Also schuf er den Weltraum mit Sternen und Planeten und darin einen ganz besonderen Himmelskörper: die Erde. So schuf er sie: stabil und stark, ausdauernd und fest, mit Stein und Sand – und mit fruchtbarer Erde. So sollte es werden und so wurde es.

Nach einiger Zeit jedoch stellte Gott fest: Es reicht nicht aus. Die Erde war auf die Dauer zu eintönig, starr und unbeweglich. Es geschah nichts. Wenn Gott mit der Erde sprach, gab sie keine Antwort. Sie war da, einfach nur da. Wenn sie sich doch nur etwas bewegen würde, wäre ich ja schon zufrieden, dachte er sich und hauchte die Erde an, damit sie sich bewege. Das war der Augenblick, wo Gott die Luft erschuf. Das war mal eine Abwechslung: leichter Hauch, kräftiger Wind, Sturm und Orkan. Er freute sich über die Bewegung, die Abwechslung und die Lebendigkeit.
Wiederum nach einiger Zeit merkte Gott, dass er die Luft kaum bändigen konnte. Sie tobte und brauste um die Weltkugel und geriet oft außer Kontrolle. Manchmal verstand sie sich mit der Erde; oft jedoch stritten beide miteinander um die Frage, was ist wichtiger – Standfestigkeit oder Bewegung, Schwere oder Leichtigkeit. Und Gott kam zu dem Ergebnis, es muss etwas Drittes dazwischen geben. Etwas das verbindet; etwas das beschwichtigt; etwas, das umspült und versteht; nicht so fest wie die Erde und nicht so leicht wie die Luft. Und so erschuf er das Wasser. Es schmeckte köstlich und frisch; es umspülte die Erde, es verband sich mit der Luft und erfreute das Herz Gottes.
Lange Zeit ging das gut und Gott freute sich an dem, was er da geschaffen hatte. Es war alles ausgeglichen und – er mochte es sich kaum eingestehen – es war irgendwann langweilig, fast so langweilig wie vor dem ersten Schöpfungstag. Es fehlte die Begeisterung, die Energie und die Aktion. Es musste einfach etwas mehr geschehen. So blickte er auf die Sonne und entschied sich für ein gewagtes Experiment. Er schickte Feuer auf die Welt, damit es brenne. Das Feuer brachte Licht und Bewegung, Wärme und Helligkeit, es ließ sich kaum bremsen und wurde nur gehalten durch das Wasser.
Gott sah sich sein Gegenüber an: die Erde mit ihrer Standfestigkeit, die Luft mit ihrer Abwechslung, das begeisternde Feuer und das gefühlvolle Wasser. Er freute sich daran ungemein und fand sein Werk gelungen.

„Findet ihr es nicht auch wunderbar?" – fragte er die vier Elemente. Doch sie antworteten nicht. Sie konnten nicht denken, nicht sprechen, nicht fühlen. Sie existierten einfach nur da. Darüber war Gott sehr traurig. Niemand außer ihm bewunderte seine Schöpfung. Außerdem gab es mit den vier Elementen häufig Probleme. Gott hatte oft den Eindruck, sie kämpften gegeneinander. Jeder wollte sich durchsetzen, jedes Element das andere beherrschen. Es kostete ihm viel Arbeit, alles unter Kontrolle zu halten und manchmal wünschte er sich, er wäre gar nicht mit seiner Schöpfung angefangen.
Bis ihm die Idee kam – etwas fehlte noch; das fünfte Element. Etwas, das die Dinge zusammenhält; etwas, das denkt, spricht und fühlt; etwas, das ihm ähnlicher sein sollte als alles, was er bislang geschaffen hatte. So nahm also Gott etwas von der Erde, ein wenig vom Wasser, einiges von der Luft und ein wenig Feuer – und was daraus kam, nannte er Wesen. Sie waren das Wesentlichste und Wichtigste, was er bisher erschaffen hatte. Sie entsprachen seinem Wesen, denn sie konnten denken, reden, fühlen und handeln. Manche ähnelten mehr dem Feuer, andere der Erde, wieder andere eher dem Wasser oder auch der Luft. Später nannten sie sich selber Menschen. Als Gott sie schuf und in die vier Elemente setzte, begannen sie sogleich damit zu spielen.
Wie Gott sich darüber freute, als er sich sein Werk ansah! Die Wesen redeten mit ihm, sie sangen ihm Lieder, sogar die anderen vier Elemente schienen dabei mitzusingen. Es gab Lebendigkeit und Frieden, Ordnung und Gefühl – und Gott sprach: so ist es gut, so soll es sein und bleiben in Ewigkeit.
So blieb es auch eine lange Zeit, bis eines Tages – ja eines Tages geschah etwas Eigenartiges, man müsste eher sagen - Beängstigendes. Niemand wusste, von woher es kam. Kam es, als die ersten Wesen starben? Erschien es, als das Wasser einmal knapp wurde? Trat es zum Vorschein bei einem plötzlichen Vulkanausbruch oder einem langanhaltenden

Sturm? Schleichend und unheimlich entstand etwas, das Gott nicht geplant, geahnt und vorgesehen hatte. Die Wesen nannten dieses unheimliche Etwas - die Angst.

Die Elemente und die Wesen fingen an, sich zu verstecken. Jeder und jedes suchte sich sichere Plätze. Sie klammerten sich eng aneinander und versuchten, der Angst zu widerstehen. Doch die Angst war mächtig. Sie fand die Verstecke, scheuchte alles auf und beherrschte die Schöpfung.

Und Gott? Gott erschrak, als er das ansah; und er weinte bitterlich. Was ist aus seinem Werk geworden? Woher kam die Angst? Er hatte sie doch gar nicht geschaffen. Kam sie von selbst? Da spürte er tief verborgen in der letzten Ecke seines eigenen Herzens diese unaussprechliche Angst. Ja, sie kam von ihm selbst! Er hatte sie nicht bemerkt. Die Schöpfung war ein Teil von ihm und leider auch die Angst. Doch Gott versteckte sich nicht. Er schaute die Angst in seinem Herzen an und wusste, was sie brauchte. Er schickte ihr Vertrauen, Mut, Kraft und Zärtlichkeit entgegen und besänftigte sie so. Ja, dachte sich Gott, das ist die einzige Möglichkeit, mit ihr umzugehen. So will ich es auch mit meiner Schöpfung machen und sehen, was geschieht. Als dort gerade einmal etwas Ruhe einkehrte, sandte er ihr das, was seiner eigenen Angst half: Vertrauen, Mut, Kraft, Zärtlichkeit, Verständnis und Liebe.

Als die Schöpfung am anderen Morgen erwachte, spürten es alle: Ja die Angst war noch da. Aber sie fühlte sich nicht mehr so mächtig an. Die Elemente und Wesen trauten sich aus ihren Verstecken. Erst zögerlich, dann mutiger, bis sie es sogar wagten, die Angst zu berühren, sie zu streicheln und ihr zu widerstehen.

Und Gott? Gott weinte wiederum; dieses Mal weinte er vor Glück. Seine Schöpfung war gerettet. Er freute sich göttlich, und als die Erde ein Freudenfest feierte – schickte er ein Lied in ihre Herzen, dass man heute noch hören kann, wenn man sich hinlegt und mit den Ohren den Boden berührt.

Dienstag, dritte Woche

Schon wieder ist mir das Herz in die Hose gerutscht.

Es lag wohl an meinem Panzer aus Eis.

19 Der König der halben Dinge

Lange musste das Königspaar von Vitalia auf ihr erstes Kind warten. Umso mehr freuten sich beide, als die Königin einen gesunden Sohn zur Welt brachte. Weil sie seine Geburt als ein großes Geschenk ansahen, nannten sie ihn Donatus – das Geschenk. Doch relativ bald merkte die Herrscherin, dass mit ihrem Kind etwas nicht stimmte. Besonders fiel ihr dies beim Füttern des kleinen Jungen auf. Zunächst schrie er sich vor Hunger die Seele aus dem Leib, aber was er dann aß, entsprach überhaupt nicht dem Verhältnis seines vorhergehenden Geschreis. Auf halber Strecke hörte er auf zu essen, scheinbar grundlos.

Als er anfing, laufen zu lernen, tat er dies mit großem Eifer und die Schlossbewohner freuten sich über seine ersten Schritte. Doch ohne irgendein Vorzeichen beendete er seine Laufversuche und kroch wie in den Monaten zuvor auf allen Vieren weiter. Natürlich interessierten sich die Prinzessinnen am Hof sehr für den Kleinen, aber schon bald verloren sie die Lust, denn jedes Mal, sobald das Spiel an seinem Höhepunkt gelangte, stoppte er plötzlich. Das geschah zum Beispiel, wenn sie sich versteckten. Donatus musste zählen. Danach schaute er sich um, sah niemanden, und fand es über kurz oder lang mühsam, sich auf die Suche zu begeben. Er gab sich dann nicht einmal die Mühe, laut zu rufen, dass er keine Lust mehr hat, sondern setzte sich einfach unter den Baum und starrte in die Luft. So ging es bei den meisten Spielen. „Er macht alles nur halb“, lautete das Fazit der ersten Hofdame. „Nennen wir doch unseren

Kleinen den Prinzen der halben Dinge." Die Prinzessinnen und der Hofstaat fanden den Vorschlag passend und nannten Donatus fortan so.

In der Schlossschule lernte er die Buchstaben von A bis P. Er meinte, es reiche aus, das „P" zu kennen, weil das Wort Prinz mit „P" anfing. Wenn er „Prinz" schreiben musste, kritzelte er „Pin". Zwar konnte niemand seine Gedanken lesen, aber das machte nichts, denn er schrieb seine Aufsätze nur bis zur Hälfte. Seine Geschichten hörten an der spannendsten Stelle auf. In den übrigen Schulfächern erging es ihm nicht anders. Er malte von den Blumen nur den Stängel, von den Bäumen nur den Stamm und die Häuser mussten ohne ein Dach auskommen. Weil Prinzen keinen Schul-abschluss brauchten, um König zu werden, fand Donatus alles nur halb so schlimm.

Als er Erwachsener verliebte er sich in eine Prinzessin. Das tat er immerhin für einen Augenblick mit Haut und Haar, sonst wäre es wohl nie zur Hochzeit gekommen. Standesgemäß wollte er heiraten. Er entwarf Pläne für ein neues Schloss und plante eine traumhafte Eheschließung. Ihr könnt euch vorstellen, wie das Ganze endete. Nach der Fertigstellung des Rohbaus verlor der Prinz die Lust. Zum Fest gab es zwar genug zu essen, aber es fehlten die Getränke. Die Hälfte der erwünschten Gäste vergaß er einzuladen und unter seinem kostbaren neuen Mantel trug er abgetragene Kleider. Er war eben der Prinz der halben Dinge, und als sein Vater starb, erhielt er den Titel: der König der halben Dinge. Wenn da nicht seine Frau gewesen wäre, hätte er das Königreich in kurzer Zeit in den Untergang geführt. Merkwürdig, dass ihn niemand jemals darauf ansprach. Seine Ratgeber und Minister, seine Diener und Untergebenen nahmen es einfach hin. Er war der König und Punkt.

So verstrichen die Jahre, das Königspaar bekam eine Tochter und alles wäre so weiter gegangen. Eines Tages jedoch ereignete sich Folgendes: Donatus machte wie immer seinen Morgenspaziergang. Er beschloss, eine große Runde durch den Schlosspark zu gehen und sah auf halber

Strecke einen schönen Stein am Boden liegen. Er hob ihn auf, um ihn seiner Tochter zu schenken und drehte wie gewohnt um, weil er noch nie den ganzen Weg gegangen war. Er schenkte seiner Tochter den gefundenen Stein. Beim näheren Hinsehen bemerkte diese, dass er durchgebrochen war. Er besaß die Form eines Herzens, allerdings fehlte etwa die Hälfte davon. Darüber war die Prinzessin sehr unglücklich. Sie wollte unbedingt auch die andere Hälfte des Steines haben, denn was konnte sie mit einem halben Herzen anfangen. Ratlos schaute der König sie an. Wo sollte er das fehlende Teil herholen? Doch seine Tochter ließ sich nicht beruhigen. „Alles machst du nur halb, dein ganzes Leben lang. Du bist so, wie dieser Stein. Bei allem, was du tust, bist du nur mit dem halben Herzen dabei." Dann legte sie sich ins Bett und hörte auf, zu spielen und zu essen. Sie tat nichts mehr und sprach kein Wort. Der halbe Stein lag einsam auf ihrer Bettdecke wie ein Warnzeichen. Er wartete auf die andere Hälfte.

Da ging der König in sich. Ja, was seine Tochter sagte, stimmte. Er tat alles nur mit halbem Herzen. Diese Wahrheit zu hören, tat weh. Sein ganzes Herz tat weh, nicht nur die Hälfte. Der König wollte seiner Tochter den Wunsch erfüllen; ein ganzes Herz mit ganzem Herzen suchen. Also machte er sich auf den Weg und ging Schritt für Schritt durch den Schlosspark. Er öffnete seine Augen weit und kroch manchmal auf allen Vieren, und immer, wenn das alte Gefühl auftauchte, aufzugeben, kam ihm sein unglückliches Kind und der halbe Herzstein in den Sinn. Er gab nicht auf und ließ sich nur von seinem Herzen leiten. Wie im Traum hielt er auf einmal ein kleines zerbrochenes Stück Stein in seinen Händen. Es war auf der einen Seite rund und besaß auf der anderen Seite eine Bruchkante. Es hatte die gleiche Farbe und Beschaffenheit wie der Stein im Zimmer seiner Tochter. Das musste sie sein, die fehlende Hälfte. Vor Freude sprang er auf und lief, so schnell ihn seine Füße tragen konnten, in das Schloss. Atemlos am Bett der Prinzessin angekommen, fügte er die beiden Seiten aneinander – und siehe da! Die Bruchkanten passten genau zueinander und zwei Hälften bildeten nun ein heiles und vollständiges Herz. Die Augen der Tochter funkelten voller Freude. „Siehst du“, sagte sie zu ihrem Vater, „nur, was du mit ganzem Herzen machst, kann dir gelingen.“

Von dem Tag an veränderte sich einiges im Leben des Königs. Er vollendete das Schloss und drehte regelmäßig seine vollständigen Run-den durch den Park. Und immer, wenn die Gefahr lauerte, auf halber Strecke stehen zu bleiben, erinnerte er sich an das Glücksgefühl, als er die beiden Steinhälften zusammenfügte. „Nur, was du mit ganzem Herzen machst, kann dir gelingen.“

Mittwoch, dritte Woche

Mein Bauch sagt: Es ist gefährlich!

Mein Herz sagt: Sei mutig!

Mein Kopf entscheidet sich für das Herz.

20 Wir alle sind Wunder

Es soll Menschen geben, die glauben, dass die Erde schon völlig entdeckt ist. Dabei gibt es immer mal wieder versteckt in den Urwäldern und in den Tiefen der Meere Tiere, die sich bis heute erfolgreich dem Forscherdrang der Menschen entziehen konnten. Aber sonst – jeder Fleck in unserer Welt ist von Satelliten erfasst, wir können überall hinreisen, alle Geheimnisse wurden gelüftet, in Büchern beschrieben und mit Bildern dokumentiert. Alle Geheimnisse? Nein, da gibt es eine Insel im weiten Indischen Ozean, die kennt niemand. Kein Schiff ist dort je gelandet, kein Satellit konnte sie je ausspionieren. Es müssen von ihr Strahlen ausgehen, die sie vor jeglicher Entdeckung schützen. Die Insel ist wohl umgeben von einem magischen Schutzschild. Ihr werdet denken, woher weiß ich denn davon, wenn sie so verborgen ist? Eure Frage hat eine gewisse Berech-tigung. Es geschah in meinem letzten Urlaub auf den Kanarischen Inseln. Ich ging früh morgens am Strand spazieren, da entdeckte ich ein Gefäß, ähnlich wie eine Flasche, aber aus keinem mir bekannten Material. Den Mechanismus des Verschlusses konnte ich nicht verstehen. Das Behältnis zerbrach nicht, wenn ich es fallen ließ und mit einem Hammer vermochte ich nicht, es zu zertrümmern. Dieses schwarze und glänzende Teil bekam nicht einmal eine Schramme. Als ich dann am Abend beim Lesen eines guten Buches das Gefäß wie selbstvergessen in die Hände nahm, wärmte und streichelte, öffnete es sich von ganz allein und teilte sich in der Mitte durch. Ja, man könnte sagen, es löste sich mit der Hilfe von Wärme und Streicheln auf und heraus fiel eine Art Papier, rau in der Struktur, fein säuberlich aufgerollt und mit einem getrockneten Pflanzenseil zuge-bunden. Ich erinnerte mich gleich an die vielen Romane, in denen eine Flaschenpost große Geheimnisse enthielt. So war ich äußerst gespannt auf den Inhalt dieses Schreibens in dem eigenartigen Gefäß, das sich inzwischen völlig aufgelöst hatte. Jede Flaschenpost, so dachte ich, beginnt mit dem Satz: Lieber Finder ... Ihr müsst euch meine Über-raschung vorstellen, als ich das Papier vorsichtig entrollte. Kein Wort, keine Buchstaben, sondern lauter Bilder. Ich sah Ohren – große und kleine, Münder unendlich vielfältig, und immer wieder Augen. Erst nach und nach verstand ich die Botschaft der Zeichnungen. Je mehr ich mich in diese Bilder vertiefte, desto mehr entstand in meinem Herzen der Inhalt dieses Briefes. Es handelte sich also um ein fremdartiges Buch, das auf seine Entdeckung wartete. Ich las eine Geschichte, die so und nicht anders passiert sein musste, so eigenartig sie auch klang. Zugleich spürte ich den Auftrag, die Ereignisse dieser Insel allen weiterzuschenken. So berichte ich euch von diesem Buch auf meine Art und Weise und ich denke, es ist nur angemessen, diese Geschichte so und nicht anders zu erzählen.

Da existiert bis heute eine bisher unentdeckte Insel im Indischen Ozean. Nennen wir sie des wahrscheinlichen Klimas wegen doch einfach Tropikan. Auf Tropikan wachsen tropische Pflanzen und leben uns gänzlich unbekannte Tiere. Dort gibt es auch Menschen. Zum Glück sind sie bis in unsere Gegenwart nicht entdeckt worden. Sie sehen so merkwürdig aus, dass man sie in Zoos halten oder in einem Kuriositätenkabinett ausstellen würde. Fünf Völker bewohnen diese Insel und ich will sie euch im Einzelnen vorstellen.

Da gibt die Ohrenser. Es sind Menschen wie du und ich mit einem kleinen, aber wichtigen Unterschied. Ihr Gesicht besteht aus Ohren, nur aus Ohren, Ohren in allen Größen. Sie nehmen jedes Geräusch wahr, lärmende sowieso, jedoch auch leise, superleise und nahezu unhörbare Töne. Sie hören sogar das Blühen der Blumen und die Sonnenstrahlen, die die Kieselsteine erwärmen. Ständig halten sie die Organe in irgendeine Richtung, um den Klängen zu lauschen. Sie ernähren sich von Lauten und leiden großen Hunger an den stillen Tagen. Wenn sich die Ohrenser und Ohrenserinnen verlieben, streicheln sie sich an den Ohren, oder reiben sie aneinander. Den Morgen beginnen sie mit einem Geräuschetanz.

Die Nasianer unterscheiden sich völlig von den Ohrensern. Jeder Nasianer und jede Nasianerin besitzt vier Nasen, die Supernase riecht das Blumige, die Breitnase das Würzige, die Spitznase das Fruchtige und die kleine Nase einen anderen Nasianer. Wenn sie schlafen gehen, verschließen sie drei ihrer Organe und halten nur die kleine Nase geöffnet, denn die Nähe der übrigen Nasianer bewirkt, dass sie keine Angst bekommen und gut einschlafen können. Jeden Morgen absolvieren sie ihren Schnüffelgang, um zu riechen, ob die Welt noch steht wie am Vortag. Zugleich ernähren sie sich vom Blütenduft und sind Meister in der Parfumherstellung.

Wenden wir uns den Mundoken zu. Ihr könnt euch sicherlich schon vorstellen, was die Besonderheit dieses Volkes ausmacht. Ihr Gesicht besteht aus Mündern, lachende, zähnefletschende, traurige, gerade und krumme und schiefe. Manchmal wachsen ihnen neue Münder und alte verschwinden wieder. Sie können als einzige Wesen auf der Insel sprechen. Sie verstehen sich zwar nicht, denn jeder spricht seine eigene Sprache, aber wenn einer schreit, dann spüren die Anderen ein Beben im ganzen Körper. Mit den Händen ertasten sie die Nahrung und schaufeln alles, was sie finden, in sich hinein. Darum sind die meisten Mundoken auch ziemlich dick. Bei Hunger schreien sie so laut sie können und die Münder wechseln sich regelmäßig ab. Falls sie traurig sind, klagt der

kleinste Mund und die anderen tönen im Echo nach. Wenn sie sich freuen, klingt es wie das vielfache Meckern einer Ziege, und sobald sie wütend werden, fauchen sie mit jedem Mund zur gleichen Zeit.
Die Auguren nennen sich die Meister des Lichtes. Sie können sich gar nicht satt sehen. Mit ihren vielen Augen schauen sie ständig in verschiedene Richtungen. Manche Organe funktionieren wie Ferngläser und andere wie Mikroskope. Sie sehen alles gleichzeitig und nutzen den Tag zum ausführlichen Beobachten. Am Meisten fürchten sie sich in der Dunkelheit, weil sie sich nicht mehr orientieren können. Ihnen bleiben nur noch die Hände zum Tasten. Darum begrüßen sie jeden Morgen das Licht mit einem Tanz und strecken ihre Augen weit der Sonne entgegen.
Die letzte Gruppe, die ich euch vorstellen möchte, ist das Volk der Herzitanier. Sie sehen nicht, sie hören nicht, sie schmecken nicht, sie riechen nicht. Aber sie fühlen alles; es sei denn, sie verschließen die Herzen. Ja, ihr habt richtig gehört, ein Herzitanier besitzt mehrere Herzen. Eines fühlt die Freude, das andere die Liebe, wieder ein anderes die Bekümmertheit. Für jedes Gefühl gibt es ein Herz. Sie spüren die Trauer der Bäume, weil ihnen das Wasser fehlt und sie freuen sich mit den Blumen, wenn sie sich dem Sonnenlicht entgegenstrecken.
Einmal am Tag betreiben sie so etwas wie Herzpflege, indem sie jedes einzelne Organ stärken. Sie prüfen die Traurigkeit, sie testen die Freude und probieren ihre Wut aus. Für den Fall, dass alle Herzen in Ordnung sind, geben sie sich zufrieden, und wenn es einem Teil nicht gut geht, wird es sofort behandelt.
Jede Gruppe lebt in ihrer eigenen Welt. Zwar spüren die Herzitanier die anderen und die Ohrenser hören die Übrigen. Auch die Auguren wissen um die Unterschiedlichkeiten aufgrund ihrer Sehfähigkeiten und die Nasianer vermögen alles zu riechen. Doch die Mundoken können die restlichen Völker nur ertasten. Was passiert jedoch, falls Mundoken auf Nasianer treffen? Nun, die Nasianer wollen die Mundoken erriechen und

die Mundoken denken, dass sie da etwas abbeißen können. Sobald ein Mundoke zubeißt, zieht sich ein Nasianer flink zurück. Und was ereignet sich, wenn Auguren auf Ohrenser treffen? Es geschieht gar nichts. Bevor ein Augure auch nur in die Nähe eines Ohrensers kommt, nimmt er Reißaus, weil er in der Regel ein schreckhaftes Wesen ist.

Einmal fegte über Tropikan ein heftiger Sturm und die Bewohner der Insel suchten den geeignetsten Ort, um sich zu schützen. Mitten in der Nacht begegneten sich alle Völker. Die Nasianer konnten zwar Fremdes riechen und die Ohrenser Andersartiges hören; doch die eigentlichen Unterschiede ertasten sie nur mit ihren Händen. Nur weil der Sturm noch viel schlimmer war als Nähe fremder Wesen, flohen sie nicht voreinander. Als der Wind sich legte und die Sonne wieder am Himmel schien, liefen sie schnell in ihre eigenen Lebensbereiche zurück.

Gab es für die Tropikaner überhaupt eine Gelegenheit, sich miteinander bei den so unterschiedlichen Gruppen verständlich zu machen? Nun, die gab es tatsächlich. Dazu diente die Universalsprache der Hände. Ohne diese, so vermute ich, wäre ein Leben auf dieser Insel noch beschwerlicher gewesen. Müssten sich die Insulaner eine Nationalflagge wählen, hätten sie sich bestimmt für das Symbol der Hand entschieden.

Viele zusätzliche Informationen durfte ich in den Bilderzeichnungen entdecken über die eigenartige Lebensweise dieser menschenähnlichen Wesen, doch ohne die folgenden Ereignisse bliebe uns die Insel bis heute unbekannt. Dabei hoffe ich, dass ich die Bilder richtig gedeutet habe. Richten wir also unseren Blick auf Tropikan und hören die Fortsetzung der Geschichte.

Eines Tages geschah etwas, dass das ganze Leben auf Tropikan verändern sollte. Es kam spektakulär und unscheinbar zugleich. Es trug sich außerirdisch zu und dennoch zutiefst menschlich. Und es kam unvor-bereitet über Nacht. Silbern leuchtend stand eine Raumkapsel auf der Hochebene dieser Insel und im Morgengrauen entstiegen diesem

Gefährt außerplanetarische Wesen. Sie waren völlig gesichtslos, kein Mund, kein Auge, kein Ohr und ohne Nase. Die Herzitanier stellten viel später fest, dass sie auch kein Herz besaßen. Und dennoch verständigten sie sich untereinander. An ihren Bäuchen klemmte ein Apparat, und mit einer enormen Geschwindigkeit rasten die Finger ständig über die Tastatur. Niemand wusste, wie sie das machten, aber es offensichtlich konnten sich damit unterhalten. Woher stammten sie und was wollten sie auf der Insel?

Sie kamen vom Planeten Technicon und gerieten aufgrund eines Programmfehlers in die Erdumlaufbahn. Durch eine Verkettung unglücklicher Umstände trudelten sie in den magischen Strahlenkranz von Tropikan und sahen sich zur Landung gezwungen. Da liefen sie nun ratlos um ihr Raumschiff, hämmerten auf ihrer Tastatur, doch ... es tat sich nichts. Die Strahlen von Tropikan hatten alle Funktionen außer Betrieb gesetzt.

Die ersten Bewohner, die die Ankunft mitbekamen, waren die Ohrenser. Auch wenn die Kapsel geräuschlos landete, war das für sie kein Hindernis. Sie hörten sogar die Lautlosigkeit. Doch weil die Lautlosigkeit auf Tropikan außergewöhnlich seltene vorkam, schlichen sie am frühen Morgen heran hielten ihre Ohren an das unbekannte Gefährt. Eigenartig prickelte das kalte Metall an ihren empfindlichen Ohren. Den Technicoten gefiel es natürlich nicht, dass die Ohrenser ihrem Raumschiff so nahe kamen, aber sie hofften, dass diese Wesen vielleicht Fähigkeiten besaßen, die helfen könnten, das Raumschiff wieder in Bewegung zu bringen. Also ließen sie sie gewähren. Dann geschah etwas völlig Unglaubliches. Die Ohrenser fingen doch tatsächlich an, sich gegenseitig die Ohren aus-zutauschen. Sie nahmen einfach ein Ohr ab, gaben es dem Nachbarn und befestigten ein fremdes an ihren eigenen Kopf. Rein zufällig bekamen die Technicoten ebenfalls welche ab beim Ohrentausch und sie hefteten sich diese an ihr Gesicht in der Hoffnung, dass das zu etwas nützlich sein könnte. So hielten auch sie ihre Ohren an das

Raumschiff, doch es ließ sich dadurch leider nicht wieder bewegen. Die Ohrenser zogen sich ein wenig zurück, nachdem ihre Neugier gestillt war. Die nächste Gruppe erschien auf der Hochebene. Die Auguren gingen jeden Tag einmal dorthin, um der Sonne näher zu sein. Sie staunten nicht schlecht, als sie dort das Raumschiff sahen, die Ohrenser und die Fremdländer, die nur Ohren besaßen und davon auch nur jeweils zwei. Weil sie wussten, dass man sie nicht sehen konnten, näherten sie sich dem Gefährt und bestaunten es ausführlich, immer darauf achtend, ja nicht den Ohrensern oder den Technicoten zu nahe zu kommen. Sie schienen gar nicht glauben zu können, was sie dort sahen. Das Raumschiff strahlte wie der Abglanz der Sonne. Auch die Auguren fingen an, sich gegenseitig die Augen auszutauschen, fast als ob sie sagen wollten: Hast du schon gesehen? Was mag das sein? Die Technicoten hörten diesen Augentausch und hofften auf mehr Ohren. Bittend hielten sie den Auguren die Hände entgegen und bekamen tatsächlich einige Augen ab, wenn auch nur die kleinen. So suchten sie sich eine Stelle im fast leeren Gesicht aus und befestigten dort ihre Geschenke. Jetzt konnten sie sehen und hören. Die Auguren jedoch zogen sich ein wenig zurück. Sie erkannten in dem Gefährt einen neuen Gott und wollten ihn nur noch anbeten. Verzückt staunten sie es immer wieder an. Die Technicoten waren nun in der Lage, ihr Raumschiff ausführlich zu inspizieren. Sie sahen zwar und hörten auch, einen Fehler konnten sie dennoch nicht finden.

Als die Nasianer an diesem Morgen erwachten, witterten sie etwas sehr Fremdartiges. Es kam von weither, roch kalt und abweisend, aber zugleich ungewohnt und aufregend. So machten sie sich auf dem Weg, immer der Nase nach. Die Technicoten sahen sie schon von Weitem kommen. Sie hielten sich jedoch zurück, denn inzwischen hofften sie darauf, dass auch dieses Volk etwas zur Verbesserung ihrer Situation beitragen könnte.

Tastend und riechend kamen die Nasianer dem Raumschiff näher und stießen mit ihrem Organ daran. Ausführlich beschnupperten sie dieses fremdartige Objekt. Es war mit nichts zu vergleichen, einfach ein außergewöhnliches Geruchserlebnis. Und auch sie tauschten in ihrer Freude die Nasen aus, um sich noch intensiver dem Riechen ergeben zu können. Die Technicoten ergriffen wie schon die Male davor die Gelegenheit, wenigstens eine Nase zu ergattern. Sie wählten aufgrund ihres neuen Sehvermögens eine Nase aus, die ihnen gefiel, steckten sie mitten ins Gesicht und konnten zum ersten Mal ihr Raumschiff riechen. Ihre Sinneserfahrungen schienen nun perfekt. Da erklangen plötzlich aus der Ferne laute Geräusche.

Die kamen aus den Mündern der Mundoken, die auf der Suche nach den herrlichen Erdfrüchten der Hochebene waren. Auf breiter Front krochen sie den Boden entlang, tasteten mit den Händen nach den Früchten, aßen, rülpsten und schmatzen mit großem Vergnügen. Bis sie – o je, am Raumschiff angekommen, sich an dem harten Metall versuchten. Doch das war nicht essbar. Schlürfen, lecken oder beißen, es gab keine Möglichkeit, durchzukommen. Als ihnen das auch nach wiederholten Versuchen nicht gelang, fingen sie an, ihre Münder zu tauschen. Wiederum ergriffen die Technicoten die Gelegenheit und schnappten sich einen Mund. An der einzigen freien Stelle im Gesicht platzierten sie ihre neue Errungenschaft. Frustriert über ihre Misserfolge, setzten sich die Mundoken ratlos irgendwo hin.

Die Besucher vom fremden Planeten machten sich inzwischen an ihrem Raumschiff zu schaffen. Sie schauten und hörten, rochen und schmeckten. Sie waren so eifrig damit beschäftigt, dass sie nicht merkten, wie die Herzitanier über die Hochebene schwebten. Sie folgten einfach ihrem Gefühl. Sie spürten die Verwirrung der Mundoken und Nasianer, die Ratlosigkeit der Auguren und Ohrenser. Sie registrierten auch die fremden Wesen auf Tropikan und hatten es im Gespür: Da wird etwas

geschehen, was das Leben entscheidend verändert. Am Raumschiff angekommen, gaben sie einem plötzlichen Impuls nach. Sie fingen an, Herzenswärme auszuströmen. Alle fielen nach und nach in tiefem Schlaf, zunächst die Technicoten, dann die Mundoken und Nasianer, zuletzt die Auguren und Ohrenser. Die Herzitanier verteilten nach und nach überall Herzen, tauschten Ohren und Nasen aus, klebten Münder an und versahen jedes Lebewesen mit Augen. Mit den übriggebliebenen Teilen beschenkten sie sich gegenseitig. Zum Schluss fielen sie selbst vor Erschöpfung in einen tiefen Schlaf. Erst nach langer, langer Zeit, die wie eine Ewigkeit erschien, erwachten nach und nach alle Tiefschläfer auf der Hochebene von Tropikan. Das muss der Augenblick gewesen sein, in dem das Wort Staunen erfunden wurde. Sie staunten über eine neue Welt voller Gerüche und Geräusche, Farben und Geschmäcker, schlicht und einfach: das pralle Leben. Dieses Staunen ergriff sogar die ansonsten herzenskalten Technicoten. Auch sie fühlten sich wie erneuert.
Es dauerte Tage, ja Wochen, bis sie ihre veränderte Welt begriffen hatten und die neuen Fähigkeiten nutzen konnten. Einer lernte dabei vom Anderen. Doch was sie nicht wussten, je mehr sie sahen und staunten, schmeckten und hörten, desto stärker nahm das Strahlenschutzfeld um sie herum ab. Sie wurden zum Teil einer großen, weiten Welt.
Bis sich eines Tages auf einmal das Raumschiff von selbst meldete. Es brauchte keine Reparatur mehr. Das Strahlenfeld hatte sich aufgelöst und das Raumfahrzeug konnte wieder fliegen. Das neue Herz der Technicoten bewirkte die Sehnsucht nach Heimat und Rückkehr. Doch bevor sie sich auf den Weg machten, hielten sie mit allen Bewohnern von Tropikan eine Versammlung. Das Erlebte und Geschehene zeichneten die Insulaner auf eine große Schriftrolle auf, die die Technicoten aus ihrem Raumschiff holten, sowie ein Gefäß, in das sie das Papier hineinlegten. Das Behältnis vertrauten sie dem Meer an. So verabschiedeten sie sich endgültig von

ihrem früheren Leben und freuten sich auf ihre neue Welt und auf eine Glück verheißene Zukunft.

So endet die Geschichte der wundersamen Insel. Jetzt werdet ihr sagen: Das hast du alles nur erfunden, das ist doch niemals passiert. Zeige uns diese Schriftrolle! Nun, leider muss ich euch mitteilen, dass sich das Papier nach und nach auflöste, genauso wie das Gefäß. Ich habe lange nach Tropikan gesucht, aber keine Spur davon gefunden. Die Menschen auf den Inseln im Indischen Ozean sehen überall so aus wie wir. Auf einer Insel, deren Name ich nicht nennen möchte, wird jedoch bis heute eine Legende erzählt und sie fängt so an: Wir alle sind Wunder.

Donnerstag, dritte Woche
Mein Herz hat mich gefragt:
Was ist rot?
Ich habe geantwortet:
eine Ewigkeit voll Leben.

21 Farben für Nebelland

Teilt ihr mit mir die Erfahrung, dass der Herbst und der Winter sehr lange dauern können? Wenn die Sonne sich wochenlang hinter den Wolken verbirgt und alles grau in grau ist, gräbt sich das Grau tief ein in das eigene Gemüt. Es wird spät hell und das nicht einmal so richtig. Der Tag endet früh und die Grauzonen dehnen sich bis in das Unendliche aus. Irgendwann kommt der Zeitpunkt, da seufzt ihr tief durch so wie ich. Ihr wünscht euch Wärme und Sonne, Farben und Licht. Wenn ihr diese Sehnsucht mit mir teilt, seid ihr vorbereitet für meine Geschichte. Geht mit mir auf die Traumreise, die da heißt: Farben für Nebelland.

Und so begeben wir uns auf die Reise in jenes ferne Nebelland, das unserem Herzen in schweren Stunden so vertraut erscheint. Wie können wir uns dieses Land vorstellen?

Es ist grau; alles ist einfach nur grau; die Bäume tragen nie Blätter und werden nie grün, warum sollten sie auch. Es gibt keine Sonne, der man sich entgegenstrecken könnte. Das Gras sieht immer verwelkt aus, so als sei nicht genug da zum Leben, aber reichlich zum Sterben. Die Häuser sehen trist aus und bekommen nur ein wenig Abwechslung durch die unterschiedlichen Schattierungen; mal heller, mal etwas dunkler, oft jedoch auch bedrohlich schwarz. Die Menschen dort tragen ausschließlich unauffällige Kleidung. Sie waschen sich nicht ihr graues Haar und bedecken es jeden Morgen mit der Asche aus den Kaminen ihrer Öfen.

Die Augen liegen tief in ihren Augenhöhlen und sie laufen den ganzen Tag mit gesenktem Kopf herum, ohne auf irgendetwas zu achten. Sie grüßen einander nicht und fragen nicht: Wie geht es dir? Sie wünschen sich auch keinen schönen Tag, weil in ihrem Wortschatz das Wort „schön" nicht vorkommt. Sie verrichten ihre Arbeit mit wenig Lust und Vergnügen. Und ich brauche nicht zu erwähnen, dass die Kinder dort ohne Spiele leben. Kein Fremder verirrt sich je nach Nebelland, denn die Grenzen werden gesichert durch einen dichten Schleier. Sollte sich dennoch ein Besucher in dem trüben Land verlaufen, dann Gnade ihm Gott. Im Nebel verliert er die Farben und Freuden und vergisst seine bunte Welt, sobald er die Grenze überschreitet. Er findet kein zu Hause mehr und lässt die alten Freunde zurück. Aber er braucht auch niemanden, denn er hat alle seine Gefühle im Nebel verloren. Das ist wohl das Merkwürdigste in Nebelland. Die Menschen verlieren jedes Empfinden. Sie werden nicht wütend oder traurig, und erst recht nicht fröhlich und ausgelassen.

Meine Beschreibung könnte jetzt ewig so weitergehen und ihr, liebe Leserinnen und Leser, würdet die Geschichte ungetröstet beiseitelegen, und in einer grenzenlosen Niedergeschlagenheit versinken.

Doch halt, noch erkennt ihr sie nicht, sie sind ja grau wie alle in Nebelland. Aber ich kenne diese beiden dort mit Namen. Es handelt sich um die Zwillinge Griselda und Griso. Sie laufen den ganzen Tag nebeneinander her. Mutter und Vater haben sie für heute in den Nebelwald geschickt zum Holzsammeln. Gleich treten sie aus der tristen Menge hervor und ihr seht, wen ich meine. Ich würde euch gerne mehr von ihnen erzählen. Aber es gibt nichts zu erzählen.

Jetzt gehen sie in den grauen, vernebelten Wald hinein. Sie wollen ihre Arbeit verrichten wie gewohnt. Oder? Nein, ich ahne schon, heute geschieht etwas anderes. Es ist nicht alles so wie immer. Nachdem die beiden ein Stück Weges gegangen sind, erblicken sie ein Wesen, für das sie ihnen die Worte fehlen. Es sieht so aus, dass sie ihre Augen verdecken müssen. Das Sehen schmerzt sogar und im näher kommen spüren sie einen Stich in ihrem Herzen. Wir würden es »Fühlen« nennen. Gott sei Dank besitzen wir Begriffe dafür, weil wir keine Bewohner von Nebelland sind. Dieses Wesen ist farbig, und zwar grün, gelb, blau und rot. Und es jammert erbärmlich. „Oh, oh, oh, wer kann mir nur helfen in diesem vermaledeiten Nebelwald!"

Beim Näherkommen sehen die Kinder einen Zwerg, einen bunten kleinen Farbenzwerg. Er steckt mit dem Fuß in einer Schlinge. Und weil er so hin und her zappelt, verstrickt er sich immer mehr in seiner Falle. „Wer bist denn du?" fragen Griso und Griselda, „so ein Wesen wie dich haben wir ja noch nie gesehen. Und wie du aussiehst! Was du da trägst, tut uns in den Augen weh. Es wirkt so fremd und zugleich aufregend." Die beiden können sich gar nicht sattsehen. Ohne dass sie es begreifen, beginnt unsichtbar in ihnen eine merkwürdige Verwandlung. Sie spüren auf einmal so etwas wie – Angst und Ärger, aber auch Freude und Sehnsucht. Darum helfen sie dem Zwerg und befreien ihn von seiner Schlinge. „Ich danke euch, liebe Freunde! Doch sagt, ihr seht so trist aus in eurem grauen Gewand. Das ist ja zum Fürchten!" „Und du, wer bist du?" fragt Griselda. „Na, ich bin der Farbenzwerg, ich heiße Collorito. Mich kennt eigentlich jedes Kind. Nur ihr scheinbar nicht. Aber ich weiß, woher ihr kommt. Man bezeichnet euch nur als das Nebelvolk und alle machen einen weiten Bogen um euer Land."

Die Kinder jedoch interessieren sich nicht für die Worte des Zwerges. Sie schauen wie gebannt auf das, was ihnen in den Augen sticht und sich so wohlig anfühlt. „Wie nennt sich das, was du da anhast? Es wirkt so aufregend und sieht so einladend und freundlich aus." „Ihr meint mein Farbengewand? Was soll daran merkwürdig sein? Das trage ich ständig. Die anderen Menschen tragen ebenfalls so etwas, nicht immer so bunt, aber doch so ähnlich." „Solche Kleidung hätten wir auch gerne. Farbengewand nennst du dein Kleid? Was ist Farbe?" Collorito freut sich, ihnen die Unterschiede zu zeigen von Grün, Blau, Gelb oder Rot, und wie viele Mischungen es von allem gibt. Die Kinder kommen aus dem Staunen nicht mehr heraus und am Ende wünschen sie sich nur noch eines: Farben, Farben und nochmals Farben. „Das ist allerdings gar nicht so einfach meine Lieben! Wer wie ihr keine Farben besitzt, muss sie erst einmal sammeln. Passt auf, ich habe einen Farbenstein, der Licht einfangen kann. Den schenke ich euch, weil ihr mir geholfen habt. Mit diesem Stein geht ihr durch den Nebelwald. Jenseits des Schleiers betretet ihr automatisch in die Länder der Farben. Jede Gegend lebt von seinen besonderen Spezialitäten. Ihr braucht eine gute Qualität, damit die Farben auch lange halten. An sämtlichen Grenzen stehen Farbenwächter. Die werden euch zwei sicherlich misstrauisch anschauen, so wie ihr ausseht. Aber wenn ihr ihm den Farbenstein zeigt, lässt er euch passieren."

So erhalten Griso und Griselda von Collorito den Farbenstein. Lachend und singend verschwindet der Zwerg zwischen den Bäumen und die Kinder machen sich auf den Weg, im Herzen voller Hoffnung und Sehnsucht mit vielen Träumen von Farben und Licht.

Und so erreichen sie die Grenze von Zitronia. Sie merken sofort den großen Unterschied von Grau und – was sagte der Kleine aus dem Wald dazu? Ach ja richtig, gelb. Der Grenzwächter will die Zwei eigentlich sogleich fortjagen, als sie ihm den Farbenstein zeigen. Ein wenig misstrauisch lässt er die beiden in das Land. Überall in Zitronia leuchtet es; es funkelt fast um die Wette. Die Menschen strahlen, die Häuser, die Blumen und die Bäume. Von dem vielen Gelb bekommen die Besucher leuchtende Augen. Sie fühlen etwas wie Freude, Lust zu Springen und zu Tanzen und zu Singen. Sie spüren Wärme und Kuscheln und kommen zu einer Wiese, auf der gerade eine Gruppe von Zitronenfaltern mit ihrem Schmetterlingstanz die Sonne am Morgen begrüßen. Andächtig saugen die Kinder das Geschehen in sich auf.

Mit den letzten Akkorden der himmlischen Klänge halten sie ihren Farbenstein hoch in die Luft und viele gelbe Farbstrahlen suchen ihren Weg zum Farbenstein. Zum Schluss machen sie eine tiefe und dankbare Verneigung vor den Schmetterlingen und setzen ihren Weg fort.

So erreichen sie das Gebiet von Herzlichkeit. Der Wächter dieses Landes verhält sich völlig anders als der von Zitronia. Kaum erblickt er Griso und Griselda umarmt er die Zwei und sie dürfen die Grenze passieren. Wie sagte Collorito noch zu dieser Farbe: Rot. In Herzlichkeit leben viele Menschen. So gehen sie Arm in Arm oder Hand in Hand. Sie scheinen sich ständig zu begrüßen und zu umarmen. Sie verteilen rote Papierherzchen und werfen sich Kusshändchen zu. Ah, wie freundlich sich Rot anfühlt. Man spürt es sofort im Herzen. Von dort aus wird alles warm – bis in die Finger und in die Fußspitzen. An einer Stelle sehen sie sogar, wie ein Mann vor einer Frau kniet und ihr die Arme entgegenstreckt. „Ich liebe dich!“ tönt es laut. „Ich dich auch!“ Sie sagen es sich immer wieder. Von diesem Rot können Griselda und Griso nicht genug bekommen. Überall, wo sie Menschen treffen, sammeln sie Rot ein, bis der Farbenstein kein Rot mehr aufnehmen kann. Als die Beiden ihren Weg fortsetzen, haben sie nicht den Eindruck, dass es in Herzlichkeit das Rot abgenommen hat. Vielmehr strahlt das Rot noch intensiver als vor ihrem Besuch.

Das nächste Land wartet schon auf sie. Der Wächter von Aquaria benimmt sich äußerst würdig. Mit vollendeter Höflichkeit macht er einen tiefen Diener. „Willkommen, meine sehr verehrten Gäste, gnädiger Herr, liebreizende Dame. Tretet ein in unsere weiten Gefilde.“ So sind Griso und Griselda noch nie begrüßt worden. Sie fühlen sich wie Könige. Ihre Schritte werden gleich majestätischer und würdevoller. Die Atmosphäre von Aquaria unterscheidet sich völlig von Zitronia oder Herzlichkeit. Es wirkt irgendwie – blau. Und es tropft, es plätschert, es gluckert, es strömt, und zugleich erscheint es grenzenlos und weit. Das tut den Beiden gut nach den engen Umarmungen des Landes, das sie zuvor besuchten. Sie

sehen Flüsse und Seen, Meere und Bäche und wirbelt umher voller Lebendigkeit. Es gibt nicht nur Sinneseindrücke für die Augen, sondern außerdem etwas für die Ohren. Mit großem Staunen lassen sie alles auf sich einwirken.
Auch hier fällt es ihnen leicht, das Blau einzusammeln, denn in Aquaria fließt das Wasser im Überfluss. Es strömt wie von selbst in den Farbenstein. Mit der Weite im Herzen und inzwischen ein wenig müde geworden machen sie sich erneut auf den Weg. Sie denken darüber nach, wohin die vielen Bäche fließen mögen. Die Antwort erhalten sie an der Grenze des Nachbarlandes. Überall sprießt es in grünen Farben. Bäume und Sträu-cher wachsen hoch bis in den Himmel hinauf. Sie werden begrüßt von einem Wächter, der für jeden Besucher ein Geschenk in den Händen hält, einen wunderschönen, großen, grünen, saftigen Apfel. Und wie der schmeckt. Griso und Griselda spüren inzwischen vom vielen Wandern Hunger und Durst. Im Gartenland blüht und wächst es überall. Gärtner beschäftigen sich mit dem Pflücken der Früchte und Beschneiden der Bäume. Dabei singen sie: „Danke für die Ernte, bei uns ist alles grün, wir freuen uns auf den Frühling, wenn die Pflanzen blühn.“ In den Kindern keimt die Hoffnung auf, dass sie eines Tages nach Hause kommen, und dass es bei ihnen so wächst wie im Gartenland. Sie brauchen nur ihre Hände auszustrecken und können mit all den Köstlichkeiten am Wegesrand ihren Hunger stillen. Im grünen Reich herrscht so viel Freude, dass sogar die Apfelbäume tanzen.
Im Augenblick haben Griso und Griselda nur einen Wunsch – sich einmal ausruhen zu dürfen. Wo gibt es wohl eine Möglichkeit, die Füße auszustrecken und die Beine baumeln zu lassen. Als ob sie es geahnt hätten, vermittelt ihnen das nächste Land, das sie betreten, sofort den Eindruck von Ruhe und Erhabenheit. Schweigend steht der Wächter von Violetta vor den Zweien und macht eine leichte Verneigung. Mit den Händen zeigt er auf ein beeindruckendes Haus. Violetta besteht nur aus einem wunder-

schönen, geordneten Garten mit einem großen Tempel. Es strahlt Einkehr und Beschaulichkeit aus. Fast scheint es, also ob alle Lebewesen in Gedanken versunken sind, die Gräser und die Bäume, die Blumen und die Tiere. Die Zeit spielt keine Rolle und alles geht seinen gemächlichen Weg. Eine wohltuende Ruhe kehrt in die Kinder ein. Langsam und bedächtig gehen sie in das Innere des Tempels und setzen sich auf einen ein-ladenden Platz. Was sie dort sehen und mitbekommen, rührt sie tief an und schweigend lassen sie alles auf sich wirken.

In der Mitte des Raumes steht eine große brennende Kerze, um die ein Kranz aus weißen Steinen gelegt ist. Männer und Frauen tragen Blüten in den Kreis und legen wie von Zauberhand ein Mandala, begleitet von sphärischen Klängen eines unsichtbaren Orchesters. Anschließend setzen sie sich auf buntbestickte Sitzkissen und schauen andächtig auf das von ihnen erstellte Kunstwerk, verbeugen sich tief und verlassen in einer Prozession wieder den Tempel.

Die beiden wagen nur miteinander zu flüstern nach dem Abschluss der Zeremonie. War das nicht schön? War das nicht feierlich? Weil Griso und Griselda so in der Ruhe gefangen waren, vergessen sie, den Farbenstein in das violette Licht zu halten. Erschrocken nehmen sie den Stein zur Hand und o Wunder, die Strahlen haben wie von selbst ihren Weg gefunden. Violett kann man nicht einfangen, denken die Zwei, es kommt nur, wenn du still wirst. So andächtig, wie sie den Tempel betreten haben, verlassen sie ihn auch und setzen gestärkt und erfüllt ihren Weg fort.

Der Farbenstein funkelt inzwischen voller Lebendigkeit. Ein Überfluss an Licht verströmt Kraft und Wärme und erleuchtet die ganze Umgebung. Jeder Farbton dort erhält seinen besonderen Platz, eine eigene Kammer. Als die beiden den Stein betrachten, fragen sie sich neugierig, was geschieht, wenn alle diese Farben sich mischen würden. Wie viele Möglichkeiten es wohl gäbe. Wären es zehn oder zwanzig? Nein, entscheiden sie, es müssen unendlich viele sein. Und im Nachdenken erreichen sie die Grenze von Colorado. Der Wächter dort erscheint wie ein farbenfreudiger Spaßvogel. Er tanzt um die beiden Kinder herum und nimmt seinen Wächterdienst gar nicht ernst. „Bei uns wird nur gespielt! Kommt herein, tretet ein, vergnügt euch mit Spaß und Spiel!"

Griso und Griselda können ihren Augen kaum trauen. Jetzt erleben sie, wie eine kunterbunte Mischung wirkt. Eine gigantische Flut von Farben stürzt auf sie ein. Tief in ihrem Bauch setzt sich fest: Alles geht, vieles lässt sich miteinander verbinden. Das Leben ist kostbar und vielfältig. Mit Lust und Vergnügen geben sie sich dem ausgelassenen Treiben hin.

Je mehr sie mitspielen und lachen, desto häufiger verändert sich der Farbenstein, auch er wird immer bunter; hunderte und tausende von Farben erhellen ihn. „Jetzt ist es so weit", denken sich Griso und Griselda, „wir wollen heimkehren. Alle werden unseren Stein bewundern und keiner kann sich ihm widersetzen. Die Farben reichen für ein ganzes Land und für mehr als ein langes Leben." Fast trunken vor Freude verlassen sie Colorado und machen sich auf den Heimweg, immer wieder den Blick auf den Farbenstein gerichtet. Suchen sie die Ruhe, scheint ihnen violett. Manchmal wechselt es zu Gelb wie die Sonne und sie überwinden ihre Traurigkeit. Bei großem Ärger entsteht rot. Wenn die Hoffnung verschwindet, je den Weg nach Hause zu finden, erscheint es grün und schon geht es weiter. Wenn die Kräfte schwinden, schenkt das Blau ihnen frische Energie. Als sie nach langem Weg ihre Heimat betreten, tauchen sie in den dichten und dicken Nebel ein – und welch ein Wunder, der Schleier löst sich auf, als ob er die Farben nicht ertragen kann. Sobald sie das Innere ihres Landes erreichen, halten sie den Farbenstein hoch, voller Erwartung, was passieren wird. Nach und nach nehmen die Menschen die Veränderungen wahr. Der Stein zieht sie magisch an; sie fangen an zu staunen und erleben das, was Griso und Griselda im Wald mit Collorito erlebten. Sie beginnen, zu fühlen. In ihnen wächst

Sehnsucht, sie machen große Augen und greifen nach den Strahlen. Als ob das Licht nur darauf gewartet hatte, fängt es an, sich auszubreiten. Erst auf die Menschen, dann auf die Wege, auf die Bäume und Blumen, auf die Häuser und Tiere, bis kein Flecken in Nebelland mehr grau ist. Plötzlich gibt es bei ihnen auch Schmetterlinge und Wasser, Apfelbäume und Zuwendung, Ruhe und Spiel.

Doch so sehr der Farbenstein sich müht, seine Leuchtkraft zu verteilen, ein paar triste Stellen bleiben, und manchmal versucht der Nebel wieder, seine Energie zu entfalten. Aber das stört keinen Menschen in Nebelland. Wenn du heute dahin reist und fragst, warum ein so fröhliches Land Nebelland heißt, könnte dir dort niemand eine Antwort darauf geben. Und jeder, der Nebelland besucht, trägt anschließend etwas von der Kraft des Farbensteines mit nach Hause.

Freitag, dritte Woche
Mein Herz sucht die Liebe
und kann so schlecht warten.

22 Die Sonnenblume

Am Waldrand stand einmal eine wunderschöne, groß gewachsene Sonnenblume. Eigentlich hätte sie glücklich sein können. Sie konnte die Wiese gut überblicken, die vor ihr lag, und fand Schutz durch die Bäume in ihrem Rücken. Doch sie freute sich nicht ihres Lebens. Ihr fehlte etwas, und das wurde ihr von Tag zu Tag klarer. ‚Alle haben eine Freundin oder einen Freund', dachte sich bei sich, ‚nur ich bin ganz allein auf dieser Welt. Mit wem soll ich mich unterhalten? Wer mag mich?'
Da krabbelte jemand an ihrem Stängel hoch, und als sie hinsah, entdeckte sie eine Ameise. „Hallo Ameise, ich bin auf der Suche nach einer Gefährtin. Wie wäre es, hättest du nicht Lust, meine Freundin zu werden?" sprach die Sonnenblume hoffnungsvoll das kleine Insekt an. Doch die Angesprochene war sehr beschäftigt. Sie trug ein Samenkorn auf ihren Rücken. „Wie können Ameisen und Sonnenblumen befreundet sein?" antwortete sie der Sonnenblume. „Wir sind schnell, fleißig und immer in Bewegung. Du stehst den ganzen Tag herum und schaust dir die Sonne an. Ein solches Leben fände ich unerträglich." So sprach sie, krabbelte den Stängel wieder hinunter und verschwand zwischen den Grashalmen der Wiese. Da fühlte sich die Sonnenblume ein wenig traurig und rollte einige von ihren schönen, gelben Blütenblättern ein, bis sie hörte, wie eine Biene um ihren Blütenkelch herum sauste. „Hallo Biene, du scheinst dich ja an meiner Gegenwart zu erfreuen. Wie wäre es? Ich bin auf der Suche nach einer Freundin. Du kommst gerade zur rechten Zeit!" Doch die Biene schaute sie nur kopfschüttelnd an. „Wir mögen zwar

euren Nektar, aber mit dem Rest von euch kann ich nichts anfangen. Mit deinem Honig schließe ich gerne Freundschaft, nicht jedoch mit deinen anderen Teilen." So saugte sich die Biene voll und flog davon. Wiederum war die Sonnenblume enttäuscht und rollte einige Blütenblätter mehr ein.

Da hörte sie das fröhliche Geräusch eines Grashüpfers, der vor ihr hin und her sprang und sich über seine eigenen Kunststücke freute. „Hallo Grashüpfer, du bist ja so vergnügt! So vergnügt wie du wäre ich auch gerne. Aber das geht ja leider nicht, denn ich warte so sehnsüchtig auf einen Freund und ich finde keinen. Möchtest du meine Freundschaft?" fragte die Sonnenblume den Springkünstler. Mit einem solchen Gedanken konnte er sich jedoch nicht anfreunden. „Du stehst den ganzen Tag hier rum auf einem Bein. Ich hüpfe den ständig hin und her und erkunde die Wiese. Eine Verbindung mit dir würde mein Leben mit Langeweile erfüllen. Such dir lieber jemanden wie dich." Und schon bald hörte die Sonnenblume aus der Ferne sein fröhliches Weiterhüpfen und versank erneut in ihre Traurigkeit, indem sie noch mehr Blüten einrollte.

Da spürte sie auf einmal sehr intensiv den Schatten des Baumes in ihrem Rücken, streckte ihren Kopf zur Baumkrone hin und rief laut: „Hallo Baum, du bist doch mein Nachbar. So wie ich stehst du den ganzen Tag auf einem Bein und bewegst dich keinen Zentimeter weiter. Wir würden gut zusammenpassen und könnten Freunde werden. Wie denkst du darüber?" Bis zu diesem Augenblick hatte der Baum die Sonnenblume noch nicht einmal bemerkt. Mühsam senkte er seine Krone hinunter zu der Blume und bequemte sich zu einer Antwort. „Dass wir beide auf einem Bein stehen, ist doch wohl unsere einzige Gemeinsamkeit. Ich bin groß und stark. Ich schaue weit hinaus über das Land. In mir nisten die Vögel und den übrigen Tieren spende ich Schatten. Ehrlich gesagt bist du ein wenig zu klein für mich. Die anderen Bäume um mich herum reichen mir. Tut mir leid." So viele Worte hatte er in seinem ganzen Leben noch nicht gesprochen. Erschöpft richtete er seine Krone zurück gen Himmel und konzentrierte sich auf seine Wurzeln. Und die Sonnenblume? Ja, sie fühlte sich trauriger als jemals zuvor und es blieben nur wenige geöffnete Blütenblätter übrig, die sie einrollen konnte.

Als sich jedoch ein Schmetterling auf ihre Blüte setzte und genussvoll von diesem Platz aus die Sonnenstrahlen tankte, beschloss sie, es noch einmal zu versuchen. „Hallo Schmetterling, du gefällst mir! Ich hoffe, du fühlst dich bei mir wohl. Weißt du, ich suche einen Freund. Und weil du gerade so hier auf mir sitzt, hatte ich die Idee, du wärest genau richtig für mich." Doch der Falter fühlte sich beim Sonnenbaden gestört. Mit seiner etwas eingebildet klingenden Stimme antwortete er der Sonnenblume: „Ach, wenn ich dich so anschaue, fällt mir auf, wie eintönig du aussiehst. Nur gelb, grün und ein wenig braun. Außerdem scheinst du nicht viel Wert auf dein Äußeres zu legen, weil du fast alle Blütenblätter eingerollt hast. Du nimmst mir nur den Platz zum Sonnenbaden weg. Schau mich an! Ich bin bunt, schön und gepflegt. Das kostet Zeit, die ich nicht für Freundschaften übrighabe. Frage jemanden deinesgleichen." Ein paar weitere Minuten verharrte der Schmetterling in seiner Position und schwebte wieder davon auf der Suche nach den letzten Sonnenstrahlen des Tages. Da rollte die Sonnenblume ihre noch wenigen verbliebenen Blätter ein und wollte am liebsten sterben. ‚Was soll ein Leben ohne Freundschaft und Nähe? Alle meine Versuche waren erfolglos.' Es brach eine lange und dunkle Nacht an.

Als am nächsten Morgen die Sonne aufging, mochte die Sonnenblume gar nicht aufwachen, so dass sie die Wärme nicht einmal bemerkte. Aber die Sonne sah die traurige Blume am Waldrand. Sie schickte einige besonders helle Strahlen auf ihren Blütenkelch. „Hallo Sonnenblume, was bist du so traurig? Ich kann dich kaum noch erkennen, weil du alle deine Blätter eingerollt hast." Da seufzte die Sonnenblume voller Kummer. „Ach Sonne, das Leben ist schwer. Niemand will meine Freundschaft. Ich habe die Ameise gefragt und die fand mich zu faul. Die Biene wollte nur meinen Nektar. Für den Grashüpfer müsste mir ein zweites Bein wachsen. Der Baum findet mich zu klein und der Schmetterling zweifelt an meiner Schönheit. Jetzt fehlt mir die Kraft, noch irgendjemanden zu fragen." Gott sei Dank besaß die Sonne viele mitfühlenden Strahlen. „Schau mich an", sprach sie. „Ich spende der ganzen Erde Licht und Wärme. Du bist mein Spiegelbild und ein Teil von mir. Wenn einmal Wolken den Himmel verdecken und meine Strahlkraft nicht ausreicht, stehst du dennoch da und erinnerst alle Erdenbewohner an meine Gegenwart. Ich bin deine mächtige Freundin. Ich war es schon von Anfang an und werde es bleiben bis in Ewigkeit. In kurzer Zeit wirst du die Mutter sein von vielen Sonnenblumen. Deine Samenkörner verteilen sich über die ganze Wiese und werden ein Meer von deinesgleichen bilden. Als mein Abbild erinnert ihr die Welt daran, wie unersetzlich ich mit meinem Licht und meiner Wärme das Leben schenke."

Da gingen der Sonnenblume die Blätter wie von selbst auf und sie streckte sich der Sonne entgegen, mehr als je zuvor. Sie genoss die Strahlen ihrer mächtigen Freundin und träumte von einer Wiese voller Schwestern und Brüder.

Samstag, dritte Woche

Ich male den Herbst.
Ich male den Winter.
Ich male ein Herz.
Der Frühling wird kommen.

23 Notabene – oder die Freunde von Bethlehem

Möchtet ihr gerne einmal einen Blick durch das Schlüsselloch werfen und den Ort sehen, an dem Gott wohnt? Wie mag es sich da leben sein?
Und wen werden wir außerdem dort antreffen. Manche vermuten, dass das Paradies übervölkert ist, zumindest voller Engel und Heilige. Gott wohnt natürlich auch da; ohne ihn würde das Ganze ja gar keinen Sinn machen.
Es ist Weihnachten und wir dürfen einen Blick in den Himmel werfen. Notabene ist eine der Bewohnerinnen. Ihr habt noch nie von ihr gehört? Das ist eine wahre Bildungslücke! Notabene muss im Himmel viele Aufgaben erfüllen. Sie verteilt an die Engel Pfefferminzbonbons, damit der Klang ihrer Stimmen beim Halleluja glockenklar klingt. Sie schwirrt von Notenblatt zu Notenblatt und kennt die meisten himmlischen Lieder. Manchmal bessert sie alte Notenbücher aus und kann im vielstimmigen Chor der Cherubim alle Gesangsteile mitsingen. Wenn die Menschen sterben und in den Himmel kommen, gibt sie ihnen Unterricht in sphärischer Musik. Manche Verstorbene bringen von der Erde neue Musikstücke mit, die Notabene dann mit den Engeln einübt. So wird der Gesang dort immer vielfältiger und bunter.
Notabene ist weder ein Engel noch eine Heilige; sie ist schlicht und einfach eine Note, eine Musiknote, wie ihr sie auf jedem Notenblatt

findet. Sie besitzt einen runden, vollen Bauch und einen schlanken, langen Hals. Alle finden sie gutmütig und stets hilfsbereit. Notabene, das weiß sie, kommt aus der lateinischen Sprache und heißt übersetzt: ‚Gute Note'; sie ist ihrem Leben zufrieden und denkt, so wird es ewig weitergehen. Wenn nicht eines Tages ...

Ihr glaubt, jeder himmlische Bewohner erlebt das reine Glück. Leider verhält es sich anders. Einige von ihnen sind unzufrieden, nicht etwa mit den Lebensumständen im Himmel; dafür aber umso mehr mit der Erde. Der Heilige Franziskus findet z.B., dass die Menschen zu zerstörerisch mit der Schöpfung umgehen. Die Müllberge und Abgase von den Autos wurmen ihn mächtig. Sankt Nikolaus und Martin debattieren häufig darüber, dass die Erdenbewohner zu wenig miteinander teilen und dass viele nur Sorgen um ihr eigenes Wohlergehen haben. Das bekümmert die beiden. Die meisten Himmelsbewohner machen sich Gedanken um den Fortbestand der Schöpfung und denken: ‚Es ist alles umsonst. Während unserer Lebenszeit bemühten wir uns so um eine bessere und gerechtere Welt, aber es ändert sich nichts.'

Die Heilige Elisabeth und Franziskus entwickeln einen gemeinsamen Plan. Der sieht so aus, dass Gott seinen Sohn noch einmal auf die Erde schicken musste, bevor es zu spät ist. Jesus sollte den Menschen erneut ins Gewissen reden, besser auf den Herrn zu hören und friedlich miteinander umzugehen. Gott kann sich für diese Idee nicht sonderlich begeistern, weil er meint, alles Wichtige habe sein Sohn doch schon vor 2000 Jahren gesagt.

Also halten die Engel und Heiligen mit dem Allmächtigen eine Konferenz ab. Die Beratungen dauern ziemlich lange, bis Gott zu einem Ergebnis kommt. „Wie gemein und aufsässig verhalten sich die Erdenbewohner denn nun wirklich? Gibt es nur Zank und Streit? Wir hier im Himmel wissen das, glaube ich, nicht so genau. Ich möchte einen Boten auf die Erde schicken. Dieser soll in das Herz der Menschen schauen und uns

erzählen, wie groß die Liebe und wie stark die Hoffnung ist." Alle können sich mit dieser Idee anfreunden. Wen jedoch sollten sie aussenden? Den heiligen Franziskus? Den erkennt doch jeder sofort. Es müsste jemand sein, der nicht auffällt; irgendeiner mit guter Menschenkenntnis, der zugleich überall verborgen dabei sein kann. „Notabene", so flüstert es sich von Engel zu Engel, von Heiligem zu Heiligem. Der ist auf der Erde völlig unbekannt. Natürlich ist die kleine Note nicht scharf auf diesen Job, weil es ihr im Himmel allzu gut gefällt. Dort befindet sich Platz und eigentlich will sie nur an diesem Ort wohnen und leben. Aber – wenn Gott ruft, sagt man nicht einfach nein.
Also macht sie sich auf den Weg zur Erde und besucht zunächst das Herkunftsland der Heiligen Elisabeth. Die beiden zeigten ja eine erhebliche Unzufriedenheit mit ihren Landsleuten in Deutschland. Unsichtbar und unbemerkt schwebt sie in die 3. Klasse von Frau Maier in den Religionsunterricht. Sie setzt sich auf das Lehrerpult und sieht sich genau um. Mit großem Erstaunen liest Notabene den Satz an der Schultafel: „Freunde von Bethlehem". Die Schulklasse denkt intensiv über diese Worte nach. Sie überlegen, wie sie sich auf Weihnachten vorbereiten können. Wachsam sein, Zeit verschenken, Freunde besuchen – so viele tolle Ideen. Zwischen den Kindern sitzt auch Carina; sie sieht besonders glücklich aus. Also schaut Notabene in ihr Herz; dort findet sie Mut, Stärke und ein großes Vertrauen. Vielleicht sind die Menschen doch nicht verloren, denkt sich die Botin des Himmels. Als sie ihre Reise fortsetzen will, stimmt die Klasse ein Adventslied an. Mit diesem Lied auf den Lippen schwebt Notabene weiter - Tausende von Kilometern von Deutschland entfernt in das schöne Indien. Warum hat Gott mich nur hierhergeschickt, wundert sie sich. Ob es an diesem Ort überhaupt Christen gibt? Die Atmosphäre unterscheidet sich sichtlich von der in Europa. Bunte Bänder verzieren die Mangobäume. Überall Musik und Tanz. Durch das Fenster sieht sie eine Familie, die getrocknete Dornen

verbrennen und sich gegenseitig Glück wünschen. Mitten im Land der Hindus feiern auch hierzulande die Christen Weihnachten. Unbemerkt schwebt sie in das Haus von Ambar ein. Sie wohnt in einer ärmlichen Hütte. Oh, denkt sich Notabene, hier herrscht aber große Not. Wie wenig diese Menschen doch besitzen. Dann sieht sie in die Gesichter. Friedlich und glücklich sehen sie aus. Verzückt hört Notabene aus dem Mund der jungen Inderin eine wunderschöne Melodie. Damit wünscht sie allen eine frohe Weihnacht.

Die kleine Note macht sich wieder auf den Weg. Dieses Mal jedoch lässt sie sich Zeit. Und beim genaueren Hinsehen sieht sie, was auch der Franziskus und die Elisabeth sahen. Krieg und Elend, Hunger und Naturkatastrophen, unglückliche und bekümmerte Menschen. Bulldozer, die die den Urwald am Amazonas roden. Da wird es Notabene bange ums Herz. Ob die beiden Heiligen wohl recht haben? Muss Gott seinen Sohn noch einmal auf die Erde schicken und seinen Geschöpfen ins Gewissen reden?

Schließlich hört sie in Lima in Peru einen Jungen singen; eine einfühlsame Melodie; einfach und melancholisch zugleich. Paco heißt er und wohnt am Stadtrand. Er sitzt auf einem Stein und träumt von einer besseren Zukunft. Notabene lauscht hingerissen zu. Ach, denkt sie sich, Traurigkeit kann auch etwas Schönes sein. Das bewegt die Menschen dazu, dass sie ihre Herzen öffnen und sich gegenseitig trösten. Sie will Paco helfen und schenkt ihm ein paar fröhliche Noten. Sie sieht, wie sich sein Gesicht verwandelt und seine Hoffnung wächst. Frohgemut setzt Notabene ihren Weg fort.

Schon von weitem hört sie das Trommeln. Sie bekommt den Eindruck: Ganz Afrika trommelt und tanzt; der Kontinent bewegt sich voller Freude. Hier möchte ich mich niederlassen und für immer bleiben, denkt sie sich. Sie schwebt herab auf Tansania. Dort, genauer in der Kirche von Bagamoyo setzt sie sich auf den Kopf von Joseph. Der gefällt ihr; er wirkt so fröhlich und entspannt. Schon bald summt sie die afrikanischen Lieder mit. Die Menschen sind eigenartig, findet Notabene. In Deutschland benehmen sich alle so feierlich, in Peru geben sie sich eher wehmütig, in Indien so still und freundlich und hier sind sie ausgelassen. Ja, Franziskus und Elisabeth haben auf der einen Seite Recht. Es gibt eine Menge Not, Elend und Unfrieden in der Welt. Andererseits jedoch haben die Menschen Gott nicht vergessen. Die Botschaft von Jesus lebt noch in ihren Herzen; bisweilen verborgen aber oft auch mächtig und stark. Die himmlischen Bewohner müssen auf die Geschöpfe vertrauen; das ist der einzige Weg. Mit den neu gelernten Liedern im Kopf und vielen guten Wünschen schwebt Notabene in den Himmel zurück. Dort angekommen ruft sie es allen zu: dem Heiligen Franziskus, der Heiligen Elisabeth, den Engeln und auch Gott: Es gibt sie noch – die Freunde von Bethlehem.

Der vierte Sonntag im Advent

Ein Schmetterling aus Licht,

eine Fee für Charlotte,

ein alles wird gut Traum für dich:

Herzenswünsche.

24 Effata – öffne dich, Teil 4

Kapitel 4: das Land der Erwartung

Als Ariko und Jorinda am nächsten Morgen erwachten, erinnerten sie sich mit tiefem Behagen an das Land des Segens. Wie gerne wären sie dortgeblieben. Gab es da auch eine Schule? Das hatten sie vergessen zu fragen. Es half alles nichts, sie mussten zurück in die Wirklichkeit ihrer „Diesseitswelt“ und den beschwerlichen Schulalltag ertragen. Doch was werden sie heute danach erleben?

Unter dem Land der Erwartung konnten sie sich nur wenig vorstellen. Direkt nach der Schule machten sie sich zum letzten Mal auf den Weg zur Mauer mit den vier Türen. Vor dem vierten Tor blieben sie stehen und sagten erneut das Zauberwort „Effata“. Auch jetzt wurden sie nicht enttäuscht und die Tür ging auf. Als sie hindurchschauten, trauten sie ihren Augen nicht. Sie erblickten die gleiche Straße, in der sie im Augenblick noch standen, die gleichen Häuser und Bäume. Sie dachten an ein Spiegelbild, doch als sie über die Türschwelle traten, stellte sich heraus, dass es sich nicht um einen Spiegel handelte. Ihre Straße gab es zweifacher Ausfertigung. In dem scheinbar fremden Land der Erwartung sahen sie, als sie sich umdrehten, ihre eigene von der Rückseite. Vier Türen und Schilder gab es auch hier, allerdings mit merkwürdigen Aufschriften. Da stand zum Beispiel: »Gnußieherv red Dnal« und «Eduerf red Dnal« und »Sneges sed Dnal« und richtig, als die Tür hinter ihnen ins Schloss fiel, lasen sie »Gnutrawre red Dnal«. „Hey", Ariko kam eine Idee, „man muss es nur rückwärts lesen, dann stehen dort dieselben Worte wie auf unserer Seite der Mauer. Ziemlich verwirrend." Dennoch sah nicht alles gleich aus. Die Häuser waren geschmückt mit Fahnen und Wimpeln, in den Bäumen hingen Laternen und quer über dem Weg war ein Transparent angebracht mit dem Schriftzug: »Herzlich willkommen«. Allerdings hatten sie nicht den Eindruck, an diesem Ort wirklich erwünscht zu sein. Die Menschen gingen in sich gekehrt und beachteten einander gar nicht. Die Banner und Wimpel sahen teilweise zerfetzt und staubig aus. Die Laternen brannten nicht mehr und die Blumen, die als Willkommensgruß auf dem Boden lagen, waren schon seit langer Zeit verblüht und vertrocknet. „Es sieht so aus, als ob die Menschen hier ewig auf jemanden gewartet haben, der dann nicht gekommen ist", spekulierte Jorinda. „Komm, lass uns schauen, wie es in den anderen Straßen aussieht." Sie merkten sofort, dass sie sich gut auskannten, denn alle Häuser sahen aus wie in ihrer eigenen Stadt, nur viel älter, trister und verlassener. Überall erwartete sie das gleiche Bild: vergilbte Fahnen, vertrocknete Blumen, kaum noch lesbare Willkommensschilder und stumpfsinnig einhergehende Menschen in grauer Kleidung. Ariko fasste sich ein Herz und sprach eine Frau an, die gerade an ihnen vorüberging. „Hallo gute Frau, was ist denn hier los! Gibt es ein Fest? Warum sieht alles so traurig aus?" „Merkwürdig", entgegnete aufgeschreckt die Angesprochene, die tief in Gedanken versunken schien, „du bist der Erste seit vielen Jahren, der mich danach fragt. Die Alten erzählen heute noch manchmal davon, dass sich vor langer Zeit ein König angekündigt hatte, der unsere Stadt besuchen wollte. Er sollte das Land regieren, für Gerechtigkeit sorgen, Frieden und Wohlstand bringen. Doch er kam nicht. Wir wissen nicht warum, aber irgendwann sind alle müde geworden und gaben auf. Wenn man zu lange warten muss, verschwindet die Hoffnung."

Ariko und Jorinda fragten noch andere Leute entlang des Weges und sie erzählten ihnen Ähnliches. Ja, sie lebten mit einer hohen Erwartung und jetzt mit einer großen Enttäuschung. Die Ernüchterung der Menschen wirkte ansteckend auf die beiden Kinder und so beschlossen sie, vor die Stadt zu gehen und ein wenig die Natur zu genießen. Dort erlebten sie eine neue Überraschung. Kaum hatten sie die Häuser hinter sich gelassen, verwandelte sich die Landschaft. Das Grau verschwand nach und nach und es wurde immer grüner mit jedem Schritt, den sie gingen. Und plötzlich sahen sie auch Tiere; Rehe, die keine Angst zeigten; Wölfe, die friedlich neben ihnen her spazierten; sie erblickten sogar Löwen, die zahm gemeinsam mit Zebras grasten. Und viele waren auf einmal mit ihnen unterwegs, eine ganze Karawane. Es gab Gnus und Elche, Gorillas und Pinguine – alle schienen das gleiche Ziel zu haben.
Und dann sahen sie plötzlich vor sich tatsächlich zwei Menschen; eine Frau, die auf einem Esel ritt und ein Mann, der die Zügel führte. Sie waren die ersten Personen unterwegs außerhalb der Stadt. Auch sie gingen in dieselbe Richtung wie die Tiere. Da wurden Ariko und Jorinda doch neugierig und sie sprachen das seltsame Paar an. „Wohin führt dieser Weg? Wohin gehen all die anderen und was ist euer Ziel?“ fragten sie beide gleichzeitig. „Das ist eine lange Geschichte.“ Die Frau schaute sie freundlich an. „Wir haben einen weiten Weg hinter uns gebracht. Er war mühsam und beschwerlich und voller Hindernisse. Ich fürchte, wir sind schon fast zu spät. Am Ziel erwarten sie den neuen König. Er wird allerdings nicht groß und stark sein, wie die Menschen es glauben, sondern klein und unscheinbar. Noch trage ich ihn unter meinem Herzen. Bald werden wir die Höhle erreichen, wo er zur Welt kommen soll. Josef und ich hoffen, dass die Bewohner hier die Träume vom Frieden nicht aufgegeben haben.“ Da erzählten Ariko und Jorinda, was sie in der Stadt gesehen und erlebt hatten; vor allem von der Hoffnung, die nicht mehr zu spüren war. „Ach, dann ist es wohl wirklich zu spät“, schaltete sich der

Mann ein, „ich habe es schon seit Längerem geahnt." „Nein, das darf nicht sein", entgegnete Ariko entsetzt, „schauen sie doch, alle Tiere sind unterwegs mit uns. Sie wissen Bescheid." „Ja, die Tiere wissen Bescheid", meinte da die Frau, „so wie mein Esel. Er ist in manchen Dingen klüger als Menschen. Sie haben ein feines Gespür dafür, wenn etwas Gutes kommt. Aber die Menschen geben zu früh ihre Hoffnungen auf. Ich bin nur froh, jetzt erst mal an das Ziel zu gelangen. Gott sei Dank sind wir in Kürze da. Schön, dass ihr und begleitet. Vielleicht sehen wir uns ja bald wieder." Dann schenkte die Frau ihnen zum Schluss noch einen kleinen glitzernden Stern. „Der soll euch immer an unsere Begegnung erinnern. Hört nie auf zu hoffen."

Da blieben Ariko und Jorinda stehen. „Wir müssen zurück zur Stadt und den Menschen dort Bescheid sagen. Ihr Warten war nicht vergebens." Als Jorinda das sagte, wuchs die Zuversicht in ihr, dass es doch noch nicht zu spät war. Schnell kehrten sie um. „Er ist da; er ist gekommen; eure Hoffnung war nicht umsonst. Es hat nur etwas länger gedauert und – es wird in einer Höhle vor der Stadt geschehen. Kommt alle mit!" so riefen sie es den Menschen in den Straßen entgegen.

Niemand wollte auf sie hören. Zu sehr waren sie mit ihren eigenen Dingen beschäftigt. Erst, als Ariko und Jorinda genau hinschauten, erkannten sie eine Veränderung. Die Wimpel und Fahnen, die Laternen in den Bäumen und die vertrockneten Blumen waren verschwunden. Kein Willkommensschild hing mehr über der Straße und nichts erinnerte an die Ankündigung eines großen Königs. Auf einmal merkten sie, dass sie sich gar nicht mehr im Land der Erwartung befanden. Vielmehr bewegten sie sich in ihrer eigenen Stadt. Sie gingen die Straße entlang und unversehens standen sie vor ihrer Mauer mit den bekannten vier Türen und auf der vierten Tür sahen sie die Aufschrift: Land der Erwartung und nicht »Gnutrawre red Dnal«. Ihnen fehlte jede Erklärung für das, was passiert war. Doch als sie ihre Hände öffneten, befand sich da immer das

Geschenk der Frau: ein Stern. Und siehe da, in der Dämmerung des Abends fing er an zu leuchten. „Weißt du noch, was sie zu uns gesagt hatte?“ fragte Jorinda. „Das werde ich nie vergessen“, antwortete Ariko, „Hört nie auf zu hoffen.“ „Wir sollten den Stern allen Freunden und unseren Eltern zeigen. Vielleicht wird uns keiner glauben, was wir erlebt haben. Aber sich vorzustellen, dass ein kleines Kind in einer Höhle Hoffnung für die traurigen Menschen ist, muss man weitererzählen.“ Das stand für Jorinda ein für alle Mal fest. Und Ariko ergänzte: „Weißt du, irgendwie bekomme ich den Eindruck, dass das hier eine sehr alte Geschichte ist. Du erinnerst dich an Jesus im Stall von Bethlehem, wo wir bis heute glauben, dass er der Retter der Welt ist?“ Mit dem Stern in der Hand machten sie sich auf den Heimweg, erfüllt von der Hoffnung, dass auch ihre Stadt zu einem Ort der Sicherheit, der Freude, des Segens und der Erwartung wird.

Noch vier Tage bis zum Heiligen Abend

Ich singe meinem Herzen ein Lied.

Die zweite Strophe singt mein Herz für mich.

25 Ismael oder wo der Messias wohnen wird

Die Verheißung in Bethlehem (Lukas 1,81-86)

1,81 In jenen Tagen erschien der Engel des Herrn dem Ismael, Stallknecht
des Bauern Jonathan, im Traum. 1,82 Als Ismael ihn sah, erschrak er sehr,
denn er war von je her furchtsam. 1,83 Der Engel jedoch berührte sein
Herz und erfüllte ihn mit Kraft und Stärke. Er sprach: „Deine Stadt
Bethlehem hat der Herr auserwählt, den Messias zur Welt zu bringen. Du
bist dazu bestimmt, den Empfang vorzubereiten. Denn siehe, er macht
das Kleine groß, das Schwache stark, das Dunkel hell und das
Unscheinbare wichtig." 1,84 Über diese Worte war Ismael sehr erstaunt.
„Wie kann das geschehen? Ich bin nur der Stallknecht des Bauern
Jonathan. Ich besitze kein Haus, in dem ich den Messias empfangen kann.
Sag, wie soll das alles sich erfüllen?" Doch der Engel entgegnete: „An den
Zeichen des Himmels wirst du es erkennen. Er wird nicht alleine sein. Er
kommt aus Nazareth und seine Mutter heißt Maria." 1,85 Da sagte
Ismael: „Wenn der Herr mich ruft, werde ich da sein." 1,86 So verließ ihn
der Engel und Ismael machte sich auf den Weg, zu erfüllen, was der Herr
ihm aufgetragen hatte.

(Aus dem Lukasevangelium 1,81 – 86; wegen unsicherer Textquellen nicht im Kanon der Heiligen Schrift aufgenommen)

Ismael – oder wenn das Schwache stark wird

Jetzt wirst du denken: Von dieser Geschichte aus der Bibel habe ich noch nie etwas gehört. Leider muss ich dir Recht geben. Als man in frühen Zeiten das Leben von Jesus aufgeschrieben hatte, wurde sortiert. Was soll in der Heiligen Schrift stehen und was ist so unwahrscheinlich, dass man es lieber nicht mit hineinnimmt. Die Geschichte vom Engel, der Ismael besuchte, gehört zu diesen Berichten, die nicht bedeutsam genug für die Bibel waren. Den Evangelisten reichte aus, zu erzählen, dass Maria keinen Platz in der Herberge fand und mit einer Krippe vorliebnehmen musste. Doch was würde Ismael dazu sagen? Ihm wäre es wohl nicht wichtig, eine besondere Erwähnung in der Geburtserzählung zu bekommen. Er ist eben nur eine Nebenfigur genauso wie die Hirten auf dem Feld, deren Namen uns unbekannt sind und deren Lebensgeschichte wir nicht konnten. Man stelle sich jedoch einmal vor, es gäbe in Bethlehem keine Herberge und eine Notunterkunft wäre auch nicht in Sicht gewesen. Wäre es dann zu einer Geburt draußen auf der Weide gekommen, in der Kälte der Nacht unter freiem Himmel? Nein, Gott sei Dank gab es eine Krippe. Doch wie kam es dazu, dass Maria und Josef diesen Platz gefunden hatten. Es lohnt sich allemal, diese Geschichte zu erzählen. Wie bei vielen Überlieferungen geht es nicht um die Frage: Hat sich das wirklich so ereignet? Es geht vielmehr um die Erkenntnis des Herzens, dass es so gewesen sein muss und anders gar nicht geschehen konnte damals vor langer Zeit in Bethlehem.

Ismael war ein Findelkind. Eines Tages lag er ausgesetzt in einem Körbchen aus Stroh vor der Tür des Bauern Jonathan. Er zitterte am ganzen Körper, denn er war nur mit einer einfachen und dünnen Windel bekleidet. Die Küchenmagd Hagar fand ihn eines Morgens, als sie in den Stall gehen musste, um dort die Ziegen zu melken. Zunächst wollte

Jonathan den kleinen Ismael unbemerkt vor eine andere Tür legen, doch die Magd hatte Einwände. „Denk daran, was dein Name eigener bedeutet: ‚Gott hat gegeben'. Dieser Junge ist eine Gabe des Herrn für dich. Du bist reich, du kannst noch ein zusätzliches Kind an deinem Tisch ernähren. Wer weiß, falls du ihn fortgibst, könnte großes Unheil über dich kommen." Vor einer solchen Zukunft hatte Jonathan Angst. Wenn sich das Schicksal gegen ihn wendete, würde er arm werden und müsste sich voller Scham in die Schar der Bettler vor der Synagoge einreihen. So bestimmte er Hagar zur Pflegemutter und diese nannte ihr Pflegekind Ismael, wie den ältesten Sohn des Urvaters Abraham. Und so wuchs der Junge am Hofe von Jonathan auf. Über seine Kindheit gibt es nicht viel zu erzählen, denn sie fand im Schatten der großen Ereignisse des Landes und der kleinen Begebenheiten des Bauernhauses statt. Eines jedoch stellte sich sehr früh heraus. Ismael besaß ein gutmütiges Herz und war zugleich gesegnet mit Arglosigkeit und Einfalt. Jonathan und Hagar ärgerten sich oft über seine Torheit, ebenso die anderen Bewohner von Bethlehem. „Sieh an, da kommt der Einfältige!" riefen sie, wenn sie ihn von weitem sahen. Gott hatte dazu wahrscheinlich seine eigene Meinung. Er würde schmunzeln und sagen: „Ja, er ist einfältig, er ist geradezu beseelt von einer heiligen Einfalt." Nun, und worin zeigte sich diese besondere Eigenschaft? Als Ismael acht Jahre alt wurde, fand es Jonathan an der Zeit, dass er das Schafe hüten lernte, und schickte sein Findelkind mit einer kleinen Herde auf eine entfernte Weide. Dort angekommen suchte sich der Junge eines der Tiere aus und sprach es an: „Hör, du kluges und schönes Schaf. In meinem Kopf versteckt sich ständig ein Gedicht und will sich nicht zeigen. Würdest du für eine Weile auf deine Schwestern und Brüder aufpassen, damit ich in Ruhe meine Verse suchen kann?" Natürlich verstand das Schaf kein Wort von dem, was Ismael wollte. So überließ er die Tiere ihrem Schicksal, setzte sich unter einen

Maulbeerbaum und suchte sein Gedicht. Er musste lange forschen, bis er es fand. Und so klang es:

Wenn der Wind wehen würde,
würde sich ein Grashalm wiegen.
Es sei denn zuvor,
es sei denn zuvor,
würd es im Magen des Schafes liegen.

Ismael war entzückt von seinen Versen und rief laut: „Ihr Schafe kommt her, es gibt ein Gedicht für euch!" Doch – es waren keine mehr da. Unbemerkt hatten sie sich einfach entfernt und eine saftigere Weide gesucht. Ismael war nicht einmal erschrocken darüber, sondern dankte Gott, dass er gleichzeitig über Grashalme dichten konnte, während der Herr sich um deren leibliches Wohl kümmerte. Er selbst dichtete und Gott fütterte. Wenn Hagar nicht nach ihm geschaut hätte, wäre die Herde vielleicht für immer verloren gewesen. Sie sammelte also die Schafe ein und brachte sie zurück in den Stall.

Ismaels Aufgabe bestand darin, den Hof zu fegen und die Hühner zu füttern. Mehr traute man ihm nicht zu. In seinem Gewand hatte er ein kleines Loch geschnitten, und jedes Mal, wenn er das Federvieh fütterte, behielt er eine Handvoll Körner übrig. Dann steckte er seine Hand durch den Riss seines Rockes und ließ beim Gehen immer mal wieder ein Körnchen fallen. Dies hatte zur Folge, dass er ständig umlagert war von den Vögeln, die in Bethlehem umherflogen. Die Leute kommentierten dazu nur: „Sieh an, die Vögel setzen sich zu dem, der selber einen Vogel hat." Doch Ismael freute sich über deren Anwesenheit und rief ihnen zu: „Fliegt hoch zu Gott und richtet ihm schöne Grüße von mir aus."

Ständig hielt er einen Stock in der Hand und behauptete, das sei sein drittes Bein. Jeder Mensch sollte drei Beine besitzen, damit eines davon entlastet werden kann. Schließlich müssen die Beine einen Menschen ein ganzes Leben lang tragen. Es gäbe noch viel zu erzählen von Ismaels Einfalt, aber belassen wir es mit dem bislang Erzählten. Richten wir lieber den Blick auf das Wesentliche unserer Geschichte.

Als der Engel dem Jungen erschien, um die Ankunft des Messias anzukünden, hielt dieser gerade seinen Mittagschlaf. Und als der himmlische Bote verschwand, wusste Ismael nicht, ob nur ein Traum oder Wirklichkeit war. Er hatte schon häufig erlebt, dass seinem Leben Traum und Wirklichkeit durcheinandergerieten. Er vertraute jedoch seinen Visionen, zögerte keinen Augenblick und machte sich auf den Weg. ‚Wenn ich der Messias wäre, wo würde ich gerne wohnen?' fragte er sich. ‚Ein Messias ist so etwas wie ein König, der von Gott kommt. Da kann nur das schönste Haus von Bethlehem die passende Unterkunft sein.' Der prächtigste Palast des Ortes gehörte Jotam, dem Stadthalter. Das Wort Palast war vielleicht ein wenig übertrieben, aber er war groß und aus solidem Stein erbaut. So lenkte Ismael seine Schritte auf das Tor von Jotams Haus und klopfte dort an. Der Diener wollte ihn abwimmeln, doch der Junge ließ das nicht zu. „Hol den Stadthalter, und zwar sofort. Es ist dringend. Eine Botschaft für ihn direkt von Gott." Der Diener schüttelte den Kopf und holte seinen Herrn. Jotam erschien am Toreingang, prächtig gekleidet in einem vornehmen Gewand. Würdevoll schaute er auf den Kleinen herab. „Nun, mein Sohn, was kann ein Stallbursche so Wichtiges auf dem Herzen haben?" Ismael hatte noch nie mit einer so hoch-gestellten Persönlichkeit gesprochen. Aber er ließ sich nicht beein-drucken und trug sein Anliegen sogleich vor. „Hochwohlgeborener Herr Jotam, ich bringe dir eine gute Nachricht eine schlechte. Welche gedenkst du, zuerst hören zu wollen?" Der Ortsvorsteher kannte den Einfältigen und beschloss, auf sein Spiel einzugehen. „Nun, mein Sohn, sag mir zunächst das Schlechte, dann kann ich mich anschließend auf das Gute freuen." Doch Ismael hatte schon anders entschieden. „Herr Jotam, jeder Mensch sollte zuerst nach dem

Guten trachten, darum sage ich dir zuerst die gute Nachricht. Der Messias kommt in unsere Stadt. Ich weiß es direkt von Gott, das heißt genauer gesagt von seinem Engel. Bethlehem wird also berühmt und du wirst noch vornehmer. Da bist du überrascht, nicht wahr!" Jotam runzelte die Stirn: „Der Messias sagst du? Eine Botschaft von einem Engel? Nun ja, so recht kann ich dir nicht glauben, aber wenn es so ist, dann danke ich dir für diese Neuigkeit. Und was ist die schlechte Nachricht?" Da druckste Ismael doch ein wenig herum. „Nun, ja, also, ich weiß nicht Herr Jotam, ich müsste dich bitten, vorübergehend deine Wohnung zu verlassen und dir eine neue Bleibe zu suchen. Denn du bist sicher mit mir der gleichen Meinung, dass dein Haus das einzig würdige in ganz Bethlehem ist für den Messias. Außerdem wäre es gut, wenn du deinen Platz sofort räumen würdest, weil ich alles für seine Ankunft vorbereiten muss. Hättest du also die Güte, mich vorbeizulassen, und dir etwas Neues zu suchen?" Der Herr Jotam war nie sprachlos, heute allerdings zum ersten Mal. Er musste mehrfach Luft holen, bevor er sein Donnerwetter auf Ismael herabließ. „Bist du jetzt völlig übergeschnappt. Du bist nicht nur ein Einfaltspinsel, sondern der unverschämteste Stallbursche von ganz Bethlehem. Wenn du nicht auf der Stelle verschwindest, jage ich dir meine Hunde auf den Hals." Noch ehe der Junge etwas erwidern konnte, schlug der Stadthalter das Tor mit einem lauten Knall zu.

Ismael kannte solche Reaktionen schon. Jedes Mal wunderte er sich erneut, warum die Leute so merkwürdig auf ihn reagierten. Es war doch völlig klar, dass der Messias in das Haus von Jotam einziehen musste. Wieso ärgerte der sich und freute sich nicht? Ismael bekam jedoch keine Antwort auf seine Fragen. Er grübelte auch nicht länger darüber nach, denn grübeln, so hatte er festgestellt, machte den Kopf voller unnützer Gedanken. Das fühlte sich an wie ein Wollknäuel mit tausend Knoten und verursachte nur schlechte Laune und lenkte von seinem wichtigen Auftrag ab, eine Bleibe für den Messias zu suchen. ‚Das zweitbeste Haus in Bethlehem ist die Herberge von Manasse, dachte er sich und machte sich auf den Weg dorthin. „Manasse," so sprach er den Wirt an, „ich benötige dein schönstes Zimmer demnächst für unbestimmte Zeit. Der Messias kommt und möchte bei dir wohnen." „Was heißt demnächst, und was für unbestimmte Zeit?" fragte der Wirt zurück. „Demnächst beginnt hier die Volkszählung und ich brauche jedes Zimmer. Wenn du einen Raum mieten willst, musst du mir pro Tag einen Denar geben, also im Voraus für dreißig Tage dreißig Denar." Ismael besaß zwar ein gütiges Herz, aber nicht eine Kupfermünze in seiner löchrigen Tasche. „Manasse, hast du mir nicht zugehört? Der Retter kommt! Von ihm kannst du kein Geld nehmen. Es ist eine besondere Ehre für dich, wenn er bei dir wohnt", versuchte er, den Wirt zu überzeugen. Doch der blieb standhaft. „Auch ein Messias kostet mir was. Wovon soll ich dann leben? Gib mir das Geld und lass es dir von ihm wiedergeben. Falls er wirklich ein Messias ist, wird Gott ihn ja wohl mit genügend Kleingeld ausstatten, oder?" Ismael schüttelte den Kopf. „Nein, ich weiß nicht, ich habe die Vorahnung, dass er nicht sehr reich ist. Aber wenn er kommt, schenkt er dir Freude in dein Herz. Das glaube ich bestimmt. Überleg es dir noch einmal und überlass mir ein Zimmer. Es darf auch ein kleines sein." Manasse seufzte und blickte Ismael bekümmert an. „Du bist ein Träumer. Geh heim und füttere deine Hühner. Du stiehlst mir hier meine kostbare Zeit."

Der zweite Versuch war also erneut gescheitert. Ismael ließ sich nicht entmutigen und ging jetzt in Bethlehem von Haus zu Haus. Doch man schickte ihn fort, lachte ihn aus oder beachtete ihn einfach gar nicht. Am Ende eines langen und erfolglosen Tages machte er sich auf den Heimweg. Ziemlich niedergeschlagen nahm er nicht den direkten Weg, sondern wanderte quer über die Weiden und Felder. Vor einem Stall setzte er sich auf einen Stein, um ein wenig auszuruhen. Er suchte intensiv nach einer Lösung seines Problems. Das Gebäude, vor dem er saß, war verlassen. Der ursprüngliche Zustand war durch den starken

Zerfall kaum zu erkennen. Das Dach fehlte. Die Eingangstür fiel fast auseinander und die Wände bestanden nur noch aus Ritzen und Löchern. Nicht einmal für Schafe taugte dieser Stall mehr. Beim Nachdenken erinnerte sich Ismael an die Worte des Engels. „Denn siehe, er macht das Kleine groß, das Schwache stark und das Unscheinbare wichtig." ‚Er macht das Schwache stark, er macht das Schwache stark', kam es ihm immer wieder in den Sinn. Auf einmal leuchteten seine Augen. Er blickte auf den verfallenen Stall und wiederholte für sich noch einmal: ‚Er macht das Schwache stark. Das ist es! Den kleinen, verfallenen Stall macht er wieder groß und stark! So soll es sein. Ich richte dieses Haus ein wenig her und bitte Gott, dass er mir hilft.'

Also sammelte er Zweige und dichtete damit notdürftig das Dach ab. Er mischte Sand mit Wasser und füllte mit dem Brei die Löcher und Ritzen in den Wänden. Mit einer Schnur befestigte er die Tür wieder an den Rahmen und besah sich am Ende voller Freude sein Werk. Es erschien ihm so, als ob der Stall in der Dunkelheit von einem feinen, fast unsichtbaren Lichtstrahl umgeben war. ‚Die Zweige, der Mörtel und die Schnur kommen von mir', dachte er bei sich, ‚das Licht kommt von Gott.'

Doch als er in den Stall eintrat, füllte sich sein Herz mit Kummer. Der Raum war leer. Wo sollte er sich nur ausruhen, der Messias? Es blieb also noch Einiges zu tun bis zu seiner Ankunft. Voller Hoffnung machte sich Ismael zu später Stunde auf den Heimweg mit der Frage nach einer passenden Einrichtung.

Noch drei Tage bis zum Heiligen Abend

Ich verkürze meine Wartezeit
und streiche den morgigen Tag aus meinem Kalender.
Jetzt ist Heiligabend
und ich feiere allein.

26 Ismael – oder wenn das Kleine groß wird

In dieser Nacht fand Ismael lange keinen Schlaf. Viele Fragen schwirrten in seinem Kopf umher. Er brauchte zwei Schlafplätze, einen für die Mutter und einen für den Messias, außerdem Sitzgelegenheiten, Geschirr, Nahrungsmittel, Gefäße für Wasser, eine Truhe für die Kleidung und wer weiß, was sonst noch. Zusätzlich wünschte er sich, dass angesichts der Armut der Hütte wenigstens die Einrichtung edel und kostbar aussah. Doch wo sollte er all das auftreiben? Könnte er Jonathan oder Hagar um Hilfe bitten?
Plötzlich richtete er sich auf. Ihm fiel etwas ein, was er bislang gar nicht bedacht hatte. Wie alt ist er eigentlich, der Messias? Bisher trug er die Vorstellung mit sich, dass da ein erfahrener, würdiger Herr anreisen wird mit seiner alten Mutter, die vielleicht nicht mehr gut laufen konnte und Unterstützung brauchte. Zugleich ahnte er, dass sein Bild nicht stimmte. Wenn der Engel ihn, Ismael um Hilfe bat, dann waren Maria und ihr Sohn nicht in der Lage, für sich selber eine Unterkunft zu suchen. War irgendetwas mit ihnen nicht in Ordnung? Litten sie an einer Krankheit oder waren sie arm und mittellos. Das konnte wiederum auch nicht sein, denn ein Messias ist doch so etwas wie ein König. Unruhig wälzte sich Ismael auf seinem Strohlager hin und her. Zweifel kamen über ihn, ob er wohl an alles gedacht hatte bei den vielen ungeklärten Problemen. Endlich schlief er ein.

Am nächsten Tag beeilte er sich mit der Fütterung der Hühner. Das Fegen des Hofes musste ausfallen wegen der drängenden Aufgaben, die er noch für die Gäste erfüllen wollte. Die Fragen in der Nacht beschäftigten ihn immer mehr. Wie alt ist der Messias, und wie vornehm wird er sein? Von der richtigen Antwort hing die Ausgestaltung der Hütte ab. So sehr er auch nachdachte, er stellte fest, dass er es nicht wusste. Aber immerhin kam ihm die Idee, wer so etwas wissen könnte. Levi kam ihm in den Sinn. Er war der Synagogenvorsteher des Dorfes und kundig in allen Glaubensfragen. Also machte sich Ismael auf den Weg zur Synagoge, um ihn zu befragen. „Levi", so begann er, „was kannst du mir vom Messias erzählen?" Dieser wunderte sich, dass gerade der einfältige Ismael eine solche Frage auf dem Herzen hatte. Viel wusste er jedoch nicht über den Messias. „Na ja, wenn ich die Schriften richtig verstehe", erklärte Levi, „dann meinen die Einen, er sei so etwas wie ein Anführer, ein Nachkomme unseres Königs David. Andere vermuten eher, dass er ein Gesalbter ist, der uns drei Ernten im Jahr und Wohlstand schenken kann. Wiederum gibt es welche, die glauben, dass er die Menschen zum Frieden und zur Versöhnung mit Gott aufrufen will. Aber das sind meiner Meinung nach nur Geschichten. Niemand weiß, ob er kommt oder nicht. Und keiner kennt den Zeitpunkt." „Etwas werde ich dir verraten", tat Ismael geheimnisvoll, „dass er kommt weiß ich, und er trifft bald ein. Ich soll alles für seine Ankunft vorbereiten. Er wird zu uns kommen, hierher nach Bethlehem. Ich habe leider nicht die geringste Ahnung ob er alt, jung, arm oder reich ist. Aber wie mir scheint, kannst du diese Frage auch nicht beantworten." Levi machte bei den Worten Ismaels große Augen und fing an zu lachen. „Ismael, Ismael, was für Ideen brütest du da wieder aus! Warum solltest du Einfaltspinsel mehr wissen über den Messias als alle Propheten und Gelehrte zusammen. Geh nach Hause und feg den Hof und sei ein frommer Junge." Dann vertiefte er sich erneut in seine Bücher und schüttelte dabei den Kopf.

Ismael blieb ratlos vor der Synagoge stehen und überlegte, wer außer Levi noch etwas wissen könnte. Doch es fiel ihm niemand ein. Missmutig machte er sich auf den Heimweg. Sein Rückweg führte ihn am Stall vorbei. Er wollte überprüfen, ob sein Werk noch stand und alles in Ordnung war. Dort angekommen hörte er klagende Laute, die von innen kam. Und als er die Tür vorsichtig öffnete, erkannte er das Geräusch als ein leiser Maunz. Da saß doch tatsächlich ein einsames kleines Kätzchen völlig verängstigt in der äußersten Ecke des Gebäudes. Behutsam ging Ismael auf das zusammengerollte Wesen zu und sprach mit beruhigenden Worten auf das Wollknäuel ein. „Was machst du hier? Hast du dich verlaufen? Wo ist denn deine Mutter? Hat dich jemand einfach ausgesetzt? Na komm, es wird schon wieder, ich werde dir helfen. Jetzt schaue, was ich für dich tun kann.“ Ganz vorsichtig fing Ismael an, das Kätzchen zu streicheln, bis es sich entspannte und auf den Arm nehmen ließ. Instinktiv spürte es: Bei Ismael geht es mir gut, ich brauche keine Angst mehr zu haben. Er kümmert sich um mich. Wie am Tag zuvor setzte sich Ismael mit dem Kätzchen auf dem Schoß auf den Stein vor dem Stall und überlegte, wie er dem Tier am besten helfen könnte. Und wiederum erging es ihm wie am Tag zuvor. Auf einmal erinnerte er sich an die Worte des Engels, als er bei ihm zu Besuch war. Dieser sagte doch: „Deine Stadt Bethlehem hat der Herr auserwählt, den Messias zur Welt zu bringen.“ Dass ihm das nicht sofort aufgefallen war! ‚Bethlehem ist der Ort, an dem Gott den Messias zur Welt bringt. Das heißt also, er wird hier geboren. Wenn Maria die Mutter ist, dann ist sie jetzt noch schwanger.’ Ismael schüttelte den Kopf über seine Begriffsstutzigkeit. Die Lösung war doch so einfach. Der Messias beginnt sein Leben als ein kleines Kind, als Baby, so wie das Kätzchen auf seinem Schoß. Außerdem sprach der Engel auch davon, dass Gott das Kleine groß macht. Natürlich musste Gott wie bei jedem Menschen klein anfangen.

Plötzlich war für Ismael alles ganz leicht. Er benötigte eine Wiege, Windeln und Stroh für das Lager der Mutter. Er brauchte zusätzlich noch Hagar, denn sie war eine gute Hebamme. Sie wurde oft von den Frauen im Dorf gerufen, wenn sie schwanger waren. Sie konnte ihm auch dabei helfen, eine geeignete Wiege zu finden. Ismael hatte ihr von seiner Begegnung mit dem Engel erzählt, aber die Magd hielt das mal wieder für eine Spinnerei. „Du bist und bleibst ein Träumer“, kommentierte sie die Verheißung des Himmels.

Zu Hause angekommen suchte Ismael sogleich seine Pflegemutter auf, die gerade dabei war, das Abendessen herzurichten. „Hast du irgendwo eine Wiege stehen, Hagar?“ fragte er, „du weißt schon, ich brauche sie für den Messias. Auch wenn du mich für einen Träumer hältst, ich muss tun, was der Engel mir aufgetragen hat.“ Sie schüttelte jedoch den Kopf. „Wir haben im Haus keine Wiege und ich habe keine Zeit, alle Frauen im Dorf zu besuchen, um nach einem Bett zu fragen für ein Kind, das gar nicht existiert.“ Doch Ismael blieb beharrlich und fragte weiter. „Aber als ich klein war, gab es sicherlich auch eine Wiege für mich. Wo ist die denn geblieben?“ Da lachte Hagar und schaute ihn fröhlich an. „Deine Bettstatt? Wir hatten keine für dich. Du siehst außerdem deine Wiege jeden Tag. Wir haben dich in den Futterkasten der Hühner gelegt. Und nachdem du etwas größer geworden bist, haben die Hennen ihren Kasten zurückbekommen. Deine Wiege steht immer noch bei ihnen.“ Bekümmert über diese Nachricht zog sich Ismael zurück in den Hühnerstall. Da stand er, der Futterkasten. Es handelte sich um eine niedrige Kiste ohne Füße voller Hühnerkot. Sollte das die Krippe für den Messias werden? Wenn es so vorherbestimmt ist, soll es so sein, dachte sich Ismael, nahm entschlossen den schmutzigen Kasten, und schüttete die restlichen Körner auf den Boden. Dann ging er an den Brunnen und schrubbte die Holzkiste so sauber, wie er es nur vermochte. Als er die zukünftige Wiege in der Sonne trocknen ließ, bemerkte er beim näheren Hinsehen, dass darin etwas eingeritzt war. Es handelte sich um Buchstaben, die er entziffern konnte. Chajim, so buchstabierte er mühsam, was hebräisch ist, und übersetzt ‚Leben' heißt. Ismael hatte keine Ahnung, wie und warum das jemand dort hingeschrieben hatte, aber er nahm es als weiteres Signal des Himmels. Der Futterkasten diente den Hühnern zum Leben, er selbst lag für einige Zeit da drin und der Messias sollte auch leben. Das war ein gutes Zeichen.

Die Futterkrippe bekam ein Polster aus Heu und Stroh. In einen Sack stopfte er noch mehr davon. Dann machte er sich wieder auf den Weg zu der Hütte, stellte in der Mitte des Raumes die Wiege auf und verstreute Heu und Stroh so, dass man sich daraus ein Nachtlager bereiten konnte. Als seine Arbeit getan war, brach unvermittelt die Nacht ein. Hatte er damit seine Aufgabe erfüllt? Würde der Engel mit ihm zufrieden sein? Aus einer spontanen Idee heraus beschloss Ismael, für eine Probenacht in der Hütte zu bleiben.

Noch zwei Tage bis zum Heiligen Abend

Mein Herz ist aus Glas.
Das Licht findet seinen Weg hinein
und fächert es in Farben auf.

27 Ismael – oder wenn das Dunkel hell wird

Ismael saß noch lange auf seinem Stein vor der Hütte und träumte davon, wie sich die Welt in Bethlehem verändern würde, wenn der Messias käme. Bringt ihm der neue König Wohlstand und Reichtum? Erfährt er von ihm, wer seine wirklichen Eltern waren und warum er vor so vielen Jahren in der Kälte der Finsternis ausgesetzt wurde? Werden der Messias und seine Mutter ihn überhaupt beachten, wo er doch nur ein einfältiger, armer Stallbursche war, von jedem nur als Träumer und Spinner angesehen?

Auf einmal merkte er, dass die Nacht dunkler war als die anderen Nächte zuvor. Wolken waren aufgezogen, denn er konnte weder den Mond noch die Sterne am Himmel erblicken. Ängstlich verkroch Ismael sich in die Hütte. Er schob für sein Nachtlager das Stroh hin und her und konnte dabei nur mit den Händen danach tasten. Dann rollte er sich zusammen und schlief ein. In den folgenden Stunden hatte er einen merkwürdigen Traum. Seine Pflegemutter saß am Tisch und flickte im Schein der Kerzen alte Gewänder, als nach und nach wie von Zauberhand sämtliche Lichter ausgingen. Hagar war plötzlich von Dunkelheit umhüllt und ihr Herz erfüllte sich mit schrecklicher Angst. Sie schrie um Hilfe, aber keiner hörte sie. Ismael selbst stand draußen vor dem Fenster und beobachtete alles, war jedoch wie gelähmt und vermochte nicht, sich zu rühren. Er wollte rufen: „Hagar, ich bin hier, ich werde dir helfen!" Doch sein Mund war verschlossen und er war nicht in der Lage zu sprechen. Dann fühlte er, wie sich auf einmal sein Körper verwandelte. Es wuchsen ihm Vogelfedern, die Beine verformten sich zu Krallen und die Arme zu Flügeln. Er bekam die Gestalt einer Eule und konnte trotz der Dunkelheit nun den ganzen Hof scharf erkennen. Alle Lichter im Haus waren ausgegangen. Von Angst erfüllt breitete er seine Flügel aus, hob vom Boden ab und glitt hinaus in die Nacht. Er flog auf Bethlehem zu und umkreiste in weiten Bögen den Ort. Der schwache Schein der Kerzenlichter erleuchtete ein wenig die Dunkelheit. Er hoffte, dass es bei den Menschen Hilfe gab, doch zugleich wusste er, dass er als Eulengestalt nicht sprechen konnte. Im Gleitflug sank er und ließ sich nieder auf den Rand des Dorfbrunnens. Von dieser Stelle aus blickte er mit seinen scharfen Augen in die Häuser, ja sogar durch die Wände hindurchsehen. Dort wiederholte sich das, was er schon auf seinem eigenen Hof beobachtet hatte. Nach und nach gingen in Bethlehem alle Lampen aus. Ein Licht nach dem anderen verschwand, als ob ein unsichtbarer Geist von Haus zu Haus schwebte, um den ganzen Ort in Dunkelheit versinken zu lassen. Manchmal spürte er, wie ihn ein leichter Windhauch streifte, so dass sich sein Herz vor Angst zusammenzog. Wieder war er wie gelähmt und wusste nicht, was er tun sollte. Seine menschliche Stimme versagte und kein Eulen Ruf drang aus seiner Kehle. Er nahm all seinen Mut zusammen, breitete die Flügel aus und wollte nur fort von Bethlehem. Er zog immer größere Kreise am Himmel, bis er sein Blick auf das ganze Land Israel fiel. Seine Vorahnungen trogen ihn nicht. Er sah kein einziges Licht am Boden brennen. Um ihn herum herrschte tiefste Finsternis. Da endlich konnte er schreien. Mit aller Kraft durchbrach er die Wolkendecke und sah auf einmal den Mond und die Sterne. Von dort bekamen die Wolken ein silbriges Leuchten und sein eigenes Gefieder schimmerte hell im Glanz der Gestirne. So plötzlich, wie seine Angst kam, verschwand sie auch wieder. Im Licht der Himmelskörper spürte Ismael unendliche Weite, Grenzenlosigkeit und Freiheit. Er fühlte sich leicht und

unbeschwert. Er lachte den Mond und die Sterne an und flog ihnen immer mehr entgegen.
Doch plötzlich fingen die Federn an, sich von seinem Körper zu lösen. Die Krallen wuchsen und formten sich zu Beinen und Füßen um. Er bemerkte Veränderungen an seinem Kopf. Die Flügel verwandelten sich wieder in Arme und Hände und er erinnerte sich schlagartig: Ich bin ein Mensch und keine Eule. Menschen können nicht fliegen. Kaum hatte er zu Ende gedacht, fiel er mit wachsender Geschwindigkeit der Erde entgegen und durchbrach die Wolkendecke. Die Dunkelheit verschlang ihn und er schrie angsterfüllt auf.
In diesem Augenblick wachte Ismael auf. Er hatte Arme und Beine weit von sich gestreckt, als ob er aus großer Höhe fallen würde. Er wusste nicht, ob er einen Traumschrei oder einen lebensechten ausgestoßen hatte. Es dauerte eine ganze Weile bis ihm bewusst wurde, dass er einen Albtraum hatte. Nur die ausgestreckten Arme und Beine erinnerten an seine Vision. Da berührte ihn auf einmal jemand sanft mit der Hand und streichelte ihn. Zunächst dachte Ismael, dass der Traum weiterging, doch als er die Stimme Hagars erkannte, beruhigte er sich. „Hagar, wie kommst du hierher? Was machst du hier? Hast du mich schreien gehört?" Dabei klang er sehr erleichtert. Es tat ihm gut, wie die Hände seiner Pflegemutter über seine Wangen und Arme strichen. Ein beruhigendes Flüstern drang an sein Ohr: „Ismael, du bist nicht wiedergekommen. Da habe ich mich um dich gesorgt und nur mit Mühe diese Hütte gefunden, eine Kerze angezündet, hereingeschaut und dich friedlich schlafen gesehen. Dann habe ich mich neben dir hingelegt, damit du in der Dunkelheit nicht allein bist. Plötzlich hast du Arme und Beine ausgestreckt und mich dabei heftig wach gestoßen. Ich ahnte gleich, dass dich schlimmer Albtraum plagte. Aber schreien habe ich dich nicht gehört. Doch jetzt berichte mir von deinen Nachterlebnissen. Die Träume kommen von Gott und wollen uns etwas Wichtiges sagen. Wenn du mir deinen erzählst, wird es dir an-

schließend leichter werden ums Herz." Und so erzählte Ismael von den Lichtern, die ausgingen, von seiner Verwandlung in eine Eule, von dem Gefühl der Freiheit und von der Angst vor der Dunkelheit. Dann kuschelte er sich ganz eng an Hagar. Diese strich ihm mit ihren alten Händen über den Kopf. „Vermutlich bist du doch nicht so einfältig, wie ich immer glaubte. Vielleicht kommt der Messias wirklich und will dir im Traum eine Botschaft mitteilen. Was hat dir der Engel damals gesagt?" Ismael überlegte kurz und antwortete ihr. „Er sagte mir: ‚Denn siehe, er macht das Kleine groß, das Schwache stark, das Dunkel hell und das Unscheinbare wichtig.' Das waren genau seine Worte." „Schau her", beruhigte Hagar ihn, „er macht das Dunkel hell. Du hast in deinem Traum erfahren, wie es ist, wenn die ganze Welt in Dunkelheit versinkt und warum wir Licht und Wärme brauchen. Vertrau darauf, dass Gott sich m uns sorgt. Und das, was du über den Wolken erlebt hast, wird sich erfüllen. Die Menschen werden frei sein. Die Erde, der Mond und die Sterne verbinden und erzählen von der Fülle des Schöpfers." So feierliche Worte hatte Ismael noch nie von Hagar gehört. „Hagar, du bist mehr als nur eine Magd oder eine Pflegemutter. Du sprichst wie eine Prophetin. Du hast verstanden, worum es geht. Wirst du mir helfen, wenn Maria kommt und ihr Kind hier zur Welt bringt?" Hagar entgegnete: „Ich habe schon bei vielen Geburten geholfen, es wird mir eine Ehre sein, deinen Messias aus dem dunklen Bauch seiner Mutter in das Licht zu bringen. Doch jetzt lass uns noch ein wenig schlafen, denn bald bricht der Morgen an." Als die beiden die Augen schlossen, sahen sie nicht mehr, wie die Wolken am Himmel sich verzogen und ein schwacher Lichtstrahl durch die undichte Decke der Hütte fiel. Der Strahl erleuchtete den alten Futtertrog, der zukünftigen Wiege, und versetzte den ganzen Stall in ein bergendes Licht.

Noch ein Tag bis zum Heiligen Abend
Auf meinem Lebkuchenherz steht:
Ich habe
dich gern.
Ich teile es in zwei Hälften.
‚Ich dich' ist für mich,
‚habe gern' ist für dich.

28 Ismael – oder wenn das Unscheinbare wichtig wird

In den Tagen darauf geschah nicht viel. Jeden Morgen setzte sich Ismael auf den Stein vor der Hütte und wartete. Er schleppte noch mehr Heu und Stroh herbei. Er sammelte Kerzen, brachte einen Wasserkrug in den Stall und wartete erneut. Leider hatte der Engel nicht gesagt, wann der Messias kommen würde. Inzwischen hatte er zwar gehört, dass es eine große Volkszählung geben soll. Viele Menschen waren darum unterwegs in ihre Heimatdörfer und es herrschte ein ständiges Kommen und Gehen. Doch vor seinem Stall tat sich nichts. Niemand verirrte sich dorthin und keiner beachtete ihn. Manchmal sah er in der Ferne Hirten mit ihren Herden, aber die sie beschäftigten sich damit, saftige Weiden für ihre Schafe zu suchen. Seine Hütte stand auf kargem und unfruchtbarem Boden. Früher einmal, weit vor seiner Zeit gab es auch dort fruchtbare Felder. Als das Land verödete, wurde die Hütte nicht mehr gebraucht und sie zerfiel zunehmend. Also wartete Ismael und wartete. Das fiel ihm immer schwerer und seine Ungeduld wuchs. Er machte sich Sorgen, ob denn Maria und der Messias diesen abgelegenen Ort wohl finden könnten. Niemand ließ sich in dieser Gegend blicken. Der Engel sagte, dass die beiden aus Nazareth kommen sollten. Also beschloss er, sich auf den Weg zu machen. Er wollte ihnen bis zum Ortsausgang von Bethlehem entgegenkommen. Es war angenehmer, sich an den Wegesrand zu setzen und dort weiter zu warten. Dann könnte er genau beobachten, ob er den Messias erkennen würde. Zur Sicherheit ging er bis zu der Anhöhe, von wo aus man einen guten Blick in beide Richtungen hatte. Hinter ihm lag Bethlehem und vor ihm erstreckte sich der schmale Weg, der in die Hügel hinaufführte.

Da sah er in einiger Entfernung ein kleines Mädchen am Wegesrand sitzen. Er kannte dieses Mädchen nicht und wunderte sich, warum es so alleine dort saß ohne die Begleitung eines Erwachsenen. Wenn ich schon warten muss, dachte Ismael, dann kann ich es auch in Gesellschaft tun. So näherte er sich dem kleinen Mädchen, das sich damit beschäftigte, mit einem Stöckchen Zeichen in den Sand zu malen. Als er näherkam, erkannte er, was sie malte. Es waren lauter Blumenblüten und Sterne. Das Mädchen war so versunken im Tun, dass es Ismael erst bemerkte, als sein Schatten ihr Gesicht streifte. „Pass auf", rief es ihm entgegen, „du darfst nicht auf die Sterne treten und auch nicht auf die Blumen. Zerstör sie also nicht, sonst ist alle meine Arbeit vergebens. Aber wenn du vorsichtig bist, setzt dich an meine Seite und hilf mir beim Malen." Ismael war ein wenig verstört und befangen. Das Kind wirkte sehr zerbrechlich und ernsthaft zugleich. Natürlich wollte er die Blumen und Sterne nicht zertrampeln und ließ sich behutsam auf den Boden nieder. Schüchtern fragte er: „Wie heißt du und was machst du hier? Gibt es niemanden, der auf dich aufpasst? Ein so kleines Mädchen wie du sollte nicht allein am Wegrand sitzen. Es ist jetzt zurzeit viel los, und es könnte dir etwas Schlimmes widerfahren." Da lachte das Mädchen ihn an. „Du bist ja sehr besorgt, Ismael, und du stellst mir tausend Fragen. Ich freue mich, dass du mich endlich gefunden hast. Seit ein paar Tagen warte ich auf dich." Erstaunt kratzte sich Ismael an den Kopf. „Woher kennst du meinen Namen und wieso wartest du ausgerechnet auf mich. Weißt du denn, wer ich bin? Ich habe dich jedenfalls noch nie gesehen. Jetzt verrate mir schon, wer du bist?" „Nun", entgegnete die Kleine, „du kannst es wirklich nicht wissen, darum will ich es dir erzählen. Ich heiße Saphira. Ich bin nicht das, was du denkst. Ich sehe aus wie ein Mädchen, damit ich nicht so auffalle. Es ist sozusagen eine Tarnung. Inzwischen glaube ich aber, dass diese nicht so richtig funktioniert, denn ständig schauen die Menschen mich an und wundern sich, dass ich am Wegesrand sitze. Ich bin ein Engel, ein sehr spezieller Engel. Hast du schon einmal etwas vom Engel der kleinen Dinge gehört?" Ismael war sprachlos. Ein Engel, ein wahrhafter Engel? Nicht im Traum, sondern in der Gestalt eines Mädchens? Er wusste zwar, dass er einfältig war, aber so einfältig war er dann doch nicht. „Das kann ich nicht glauben. Du bist ein Engel? Das glaube ich nicht! Engel strahlen und leuchten und erscheinen im Traum. Ich habe so einen gesehen, ich weiß, wie so einer aussieht. Also sag, wer du wirklich bist." Saphira jedoch ließ sich nicht beirren. „So ist das eben. Den Engel der kleinen Dinge kennt niemand. Gott hat mich so geschaffen, weil ihm die kleinen Dinge besonders am Herzen liegen. Als Hagar dich damals vor dem Haus in einem Körbchen fand, hattest du keine Kleider an und zittertest vor Kälte. Da sorgte ich für Stroh und zog dir Windeln an. Erst vor Kurzem, auf deinem Weg zu Jotam, warst du so in Gedanken versunken, dass du den Stein nicht bemerkt hast, der vor dir auf dem Weg lag. Ich habe ihn schnell zur Seite geschoben, so dass du nicht gestolpert bist. Auch das Wort ‚Chajim', Leben, habe ich auf den Futtertrog geschrieben, damit du weißt, dass du alles Gott dich beschützt. Nur die kleinen Dinge fallen in meine Zuständigkeit. Es mag sein, dass der Engel, der dir begegnet ist, viel Verantwortung trägt und die großen Taten des Herrn ankündigt. Aber ich versichere dir, oft scheitern die Ereignisse an den kleinen Dingen. Ein wenig Aufmerksamkeit hier, eine Ermutigung dort, ein Zeichen am Weg oder ein freundlicher Blick ist wie das Salz im Essen. Verstehst du jetzt?" Ismael verstand. Es musste einfach so sein. Saphira wusste vieles aus seinem Leben. Wer außer einem Engel könnte das wissen? Er freute sich und fühlte sich wohl in ihrer. Neugierig fragte er: „Und für welche kleinen Dinge bist du im Augenblick zuständig?" „Siehst du", antwortete Saphira, „jetzt hast du begriffen. Maria ist auf dem Weg hierher. Sie macht sich Sorgen, den richtigen Weg zu finden. In der Nacht bekommt sie Angst. Josef begleitet sie zwar und beschützt sie, aber Maria will lieber bei Tage reisen, da fühlt sie sich sicherer. Ich habe den ganzen Weg gekenn-zeichnet mit Blumen und Sternen. Wenn der Wind weht, muss ich wieder von vorne anfangen. Im Augenblick ist es gerade windstill, darum darf ich mir Zeit für dich nehmen. Außerdem musst du mir die Hütte zeigen, damit ich meinen Sternenweg fortsetzen kann. Du bist der Einzige, außer Hagar, der den Weg zum Stall kennt. Noch weiß Maria nichts von der Armut deiner Unterkunft, aber Gott hat es so vorgesehen." Da erinnerte sich Ismael auf einmal wieder an die Worte des Engels aus seinem Traum, als er davon sprach, dass Gott das Unscheinbare wichtig macht. Die Sandsterne auf dem Boden waren unscheinbar, Saphira war unscheinbar, ebenso seine Hütte, ja sogar er selbst. Und doch wollte Gott es so. „Komm", sagte er zu dem Engel, „ich zeige dir den Weg und wir malen den schönsten Sternen- und Blumenweg, den es nur geben kann." Und so begannen sie mit der Arbeit, Meter für Meter. Unterwegs fragte Ismael sich, ob Saphira wohl etwas über seine eigene Herkunft wusste. Engel kannten sich mit solchen Dingen besser aus mehr als Menschen. „Saphira, wenn du so viel weißt, weißt du auch, wer ich bin, wer meine Eltern sind und wo ich herkomme?" Traurig schüttelte sie den Kopf. „Nein, das weiß ich leider nicht. Das wird dir vielleicht eines Tages der Messias sagen. Aber als du vor Jonathans Haus ausgesetzt wurdest, hattest du noch keinen Namen. Gott beauftragte mich, dir einen zu geben, den er sich selber ausgesucht hatte. So habe ich Hagar den Namen Ismael ins Ohr geflüstert. Es heißt übersetzt: Gott erhört. Du solltest darauf vertrauen, dass der Herr dich immer hören wird, wenn du zu ihm rufst. Und, hat er sein Versprechen nicht erfüllt?" Feierlich nickte Ismael. „Ja, das hat er wohl. Immerhin durfte ich ihm eine Wohnung vorbereiten. Ich bin ein Teil seines großen Werkes, ein unscheinbarer, aber ein wichtiger." Der Engel freute sich, dass die Traurigkeit aus seinen Augen verschwand und seine Sterne immer schöner gerieten. Als sie den Stall erreichten, ging der Tag zur Neige und die Abendröte hüllte die Hütte in ein wärmendes Licht. An diesem Abend teilten sich Saphira und Ismael den Stein zum Sitzen und hofften, dass Maria und Josef den Weg gut finden würden.

Und wie ging es weiter? Nun, der Rest der Geschichte ist schnell erzählt. Das Lukasevangelium schildert davon, dass Maria und Josef den Weg nach Bethlehem fanden, dass die Herbergssuche mühsam war, und dass sie sich mit einem Platz begnügen mussten, wo es nur eine einfache Krippe gab. Berichtet wird leider nicht von dem Sternenweg, den Saphira und Ismael gelegt hatten, so dass die Heilige Familie unbeschadet den Stall erreichte. Auch Hagar, die bei der Geburt des Messias helfen durfte, fehlt im Bericht.

Aber Ismael saß vor der Hütte und freute sich. Er war sich jetzt sicher, dass die Weissagung des Engels in Erfüllung gehen würde. „Denn siehe, er macht das Kleine groß, das Schwache stark, das Dunkel hell und das Unscheinbare wichtig." In ihm breitete sich das Gefühl aus, dass er damals im Traum erlebte, als er, verwandelt in eine Eule, die Wolkendecke durchbrach. Die Erinnerung an Freiheit und Geborgenheit im Angesicht des Mondes und der funkelnden Sterne würde er nie vergessen. Dieser Traum wurde zur Wirklichkeit in dem armseligen Stall mit dem kleinen Kind unter dem strahlenden Sternenhimmel in der Unscheinbarkeit von Bethlehem.

Der Heilige Abend
Ich bette mein Herz in der Krippe.
Morgen werde ich es wecken
und wieder ein Kind sein.

29 Effata – öffne dich, Teil 5

5. Kapitel: der Weihnachtsklabauter

Erinnert ihr euch an unsere Geschichte aus der Adventszeit? Nein? Dann bekommt ihr hier noch einmal kurz die Zusammenfassung. Ariko und Jorinda waren Geschwister. Auf dem Weg zur Schule gab es eine Mauer mit vier Türen und der Aufschrift: „Effata", das heißt auf Deutsch „öffne dich". Dahinter lag eigentlich nur eine grüne Wiese. Erst das Aussprechen des Zauberwortes gab den Weg frei zu verborgenen Welten. Im Land der Sicherheit warb eine Rose um Vertrauen. Im Land der Freude lösten sich kristallisierte Tränen durch Trost auf. Im Land des Segens nannten Kinder Gott die große Hand, weil er sie so sehr beschützte. Und zuletzt besuchten sie das Land der Erwartung, wo Menschen lange auf einen neuen König gewartet hatten. Dort trafen sie auch eine schwangere Frau auf einem Esel und einen Mann, der sie begleitete. Von ihnen erhielten sie zum Abschied ein Geschenk. Beide bekamen einen Stern, der in der Dunkelheit leuchtete. Diese Sterne waren die einzige Erinnerung an ihre Abenteuer in den fremden Ländern. Eigentlich hörte an dieser Stelle unsere Geschichte auf. Aber heute wollen wir ein neues Kapitel aufschlagen und die Fortsetzung hören.

Es kam der 24. Dezember. Seit den Ereignissen hinter den Türen lag der Leuchtstern unter Arikos Kopfkissen und schenkte ihm einen wunderbaren Schlaf. Doch an diesem Morgen wurde Ariko jäh aus seinen Träumen gerissen. Er hörte eine Fistelstimme in seinem Zimmer, die ständig rief: „Ich will den Stern! Ich will den Stern! Ich will diesen verdammten Stern!“ Noch ganz verschlafen machte Ariko die Nachttischlampe an und sah doch tatsächlich oben auf dem Kleiderschrank ein verhutzeltes Männlein sitzen. Es hatte lange spitze Finger, abstehende Ohren, einen krummen Buckel, eine dicke Knollennase mitten im Gesicht und eine Weihnachtsmannmütze auf dem Kopf. Erschrocken zog Ariko sich die Decke über Ohren und Augen.

„Du hast mich gesehen, du hast mich gesehen! Das darf nicht sein! Das darf nicht sein“, kam vom Kleiderschrank eine erzürnte Stimme. Vorsichtig lugte Ariko unter der Bettdecke hervor. „Hilfe, Hilfe, wer bist denn du? Wie bist du hierhergekommen? Und warum siehst du so eigenartig aus?“

„Na, das sind doch wohl ein wenig viele Fragen, die du stellst, du kleiner Menschenwurm!“ entgegnete das Wichtel-Männchen. „Gib mir den Stern, der unter deinem Kopfkissen liegt. Dann sage ich dir, wer ich bin.“ Ariko dachte gar nicht daran, seinen kostbaren Stern herzugeben. „Sag mir erst, wer du bist, sonst bekommst du auf keinen Fall etwas von mir.“ Das Wichtelmännchen schien nur aus Zorn und Ärger zu bestehen. „Kennst du mich nicht? Ich bin doch der Weihnachtsklabauter.“ „Ich glaube, du spinnst“, sagte da Ariko, „ich habe noch nie von einem Weihnachtsklabauter gehört. Das hast du gerade eben erfunden.“ „Und ob es einen Weihnachtsklabauter gibt. Ich komme direkt aus dem Land der Erwartung. Du bist mit deiner Schwester dort gewesen. Ich bin euch hinterher geschlichen auf eurem Rückweg. Im Land der Erwartung gab es für mich nichts mehr zu tun.“

„Wieso, was macht denn so ein Weihnachtsklabauter?“ fragte Ariko das kleine Männlein. „Na, das ist doch ganz einfach. Ein Weihnachtsklabauter klabautert das Weihnachtsfest. Stell dir vor, deine Mama möchte gerne ein friedliches Fest feiern. Dann komme ich nachts im Schlaf zu den Kindern und flüstere ihnen gemeine Dinge ins Ohr. Zank dich mit deiner Schwester, heck einen bösen Streich aus und mach dieses oder das kaputt. Dann erwacht das Kind und verdirbt der Mutter das Weihnachtsfest. Und das ist klabautern. Verstanden!“ Dabei reckte das Männlein stolz seine Nase nach oben. „Aber, das ist doch schrecklich, damit verdirbst du ja alles“, entrüstete sich Ariko. „Na und, auf mich nimmt auch keiner Rücksicht. Also gib mir jetzt den Stern.“ Fordernd streckte der Weih-nachtsklabauter seine dürren Finger aus. „Nur wenn du mir sagst, wozu du ihn brauchst“, erwiderte Ariko. „Nun gut du nerviger Kleiner, ich sag es dir, aber nur, weil ich heute einen miesen Klabautertag habe. Der Stern hindert mich bei meiner Arbeit. Der Stern, der unter deinem Kopfkissen liegt, beschützt die Menschen vor schlimmen Gedanken und meine Kräfte können nicht wirken. Vor allem ist er gefährlich. Wenn du ihn offen vor dich ausstreckst, fallen die Leute in eine plötzliche Erstarrung, und wenn sie wieder aufwachen, verändern sie völlig ihr Verhalten.“ Und der Weihnachtsklabauter ergänzte: „aber nicht so, wie ich es mir wünsche, verstanden!“ Da dachte sich Ariko, ich wäre ganz schön verrückt, diesem Wicht meinen Stern zu geben. Vorsichtig fühlte er unter seinem Kopfkissen nach dem Schatz, schloss seine Hand darum, zog die Hand hervor und ließ den Stern mitten in das Gesicht des Weihnachts-klabauters fallen. Dieser wollte gerade noch etwas sagen, da erstarrte er plötzlich und konnte sich nicht mehr bewegen. Dann machte es pf, wie wenn aus einem Ballon die Luft entweicht und der Klabauter löste sich vollständig auf. So sehr Ariko auch hinschaute, der Wicht war verschwun-den. „Das habe ich nur geträumt“, dachte sich er, „einen Weihnachts-klabauter gibt es gar nicht. Das kommt nur vom Reisen in unbekannte Länder und davon, dass ich meine Nase in Dinge stecke, die mich verrückt machen.“

Doch beim Frühstück musste er alles Jorinda erzählen. Auch seine Schwester schüttelte den Kopf: „Das hast du sicherlich nur geträumt!“

Da kam ihre Mutter in das Esszimmer. „Beeilt euch mit dem Kakao. Es liegt heute viel Arbeit vor uns. Räumt die Zimmer auf, putzt euch die

Zähne und geht mir aus dem Weg." Das war wieder typisch. An Festtagen reagierte sie immer hektisch und es war besser, ihr aus dem Weg zu gehen. Da zog Ariko seinen Stern aus der Tasche, nickte Jorinda zu und flüsterte: „Der Weihnachtsklabauter." Noch bevor seine Schwester etwas erwidern konnte, richtete er den Stern auf das Gesicht seiner Mutter. Siehe da, plötzlich erstarrte sie wie eine Salzsäule. Die beiden waren völlig überrascht von den Auswirkungen. „Was hast du da angestellt?" Jorinda sprang auf und fasste an die Hände der Mutter. Zunächst fühlten sie sich kalt und hart an, doch auf einmal veränderten sie sich und wurden wieder weich und zart aufgrund ihrer Berührung. Wie aus dem Schlaf erwacht, sah die Mutter ihre Kinder an. Alle Aufregungen und Ermahnungen waren wie weggeblasen. „Ach wie schön, das Weihnachten ist. Ich freue mich, dass ihr so früh aufgestanden seid. Wir werden heute ein wunderbares Weihnachtsfest miteinander feiern. Helft ihr mir bei der Vorbereitung?" Ariko schaute auf seinen Stern und dann auf seine Mutter, wieder auf den Stern und noch einmal auf seine Mutter. Er hatte nicht geträumt. Der Weihnachtsklabauter war in der Nacht bei seiner Mutter und jetzt hatte der Stern den Zauber gebannt. „Klar, helfen wir gerne. Wann soll es losgehen?" meinte die praktisch veranlagte Jorinda. Vor allem wollte sie natürlich nicht, dass ihre Mutter das Geheimnis entdeckte. „Ich denke, es reicht, wenn wir nach dem Mittagessen beginnen. Dann habt ihr noch etwas Zeit für euch." Sie freute sich, dass ihre Tochter so bereitwillig mithelfen wollte. „Also bis zum Mittagessen." Ariko und Jorinda beeilten sich mit dem Frühstück, denn das mit dem Stern ging ihnen nicht aus dem Kopf. Schnell zogen sie sich Schuhe und Mantel an und schlüpften hinaus auf die Straße. War das ein Treiben in der Fußgängerzone! Menschen eilten auf und ab auf der Suche nach den letzten Weihnachtsgeschenken. Da kamen ein Mann und eine Frau vorbei, die heftig miteinander stritten. „Ein Trampolin ist viel zu teuer für Jens! Das können wir uns überhaupt nicht leisten. Ständig verwöhnst du ihn!" „Ich und verwöhnen? Wer steckt ihm denn immer etwas zu? Wer gibt immer nach? Das bist doch wohl du!" So wechselte der Streit das Hin und Her. Jorinda und Ariko, die das Geschehen genau betrachteten, streckten, wie am Morgen ihren Stern aus und siehe da, beide erstarrten. Und dann ging alles sehr schnell. Sie hielten ihren Stern auf einen Mann, der grimmig daherkam; auf ein Kind, das an der Hand seiner Mutter nörgelte. Anschließend auf eine Frau, die mit ihrem Schirm nach einer Taube schlug und auf einen Blumenverkäufer, der die Passanten belästigte. So nach und nach trat eine tiefe Stille ein in der Fußgängerzone. Die Zeit blieb stehen und nichts bewegte sich mehr. Auch die zwei Kinder wollten nur noch flüstern. „Erinnerst du dich an das Land der Erwartung, an die Frau auf dem Esel, die ein Baby erwartete?" fragte Jorinda, „sie hatte doch von Hindernissen erzählt. Kann es sein, dass der neue König eine ganz bestimmte Atmosphäre braucht, damit er kommen mag? Vielleicht hat die Frau uns den Stern geschenkt, um ihr zu helfen, das Weihnachtsfest vorzubereiten. So wie damals der Stern von Bethlehem die Menschen zum Stall führte, sollen auch wir im Inneren verwandelt werden. Lass uns unsere Arbeit beenden." Also fingen Ariko und Jorinda an, nach und nach alle Leute in der Fußgängerzone mit ihren Händen zu berühren. Zunächst das streitende Ehepaar, dann das nörgelnde Kind, die Frau mit dem Schirm, der Blumenverkäufer und all die anderen. Und es wiederholte sich der Vorgang wie am Morgen bei ihrer Mutter. Die Stadt erwachte aus ihrem Dornröschenschlaf und – die Menschen schienen wie verwandelt, alle ein wenig ruhiger und friedlicher und so, als ob es ein wunder-schönes Weihnachtsfest werden könnte. Da waren die beiden zufrieden. „Komm", sagte Jorinda, „wir gehen nach Hause. Dort warten sie bestimmt schon auf uns." Mit dem Stern in der Hand wussten sie, dieser Heilige Abend wird anders sein als die Jahre zuvor.

Der erste Weihnachtstag

Ich male zwei Bögen auf ein Blatt Papier
und wünsche mir,
dass sie sich zu einem Herzen verbinden.

30 Debora und der Stern von Bethlehem

Damals lebte in der Nähe von Bethlehem ein Mädchen namens Debora. Schon früh hatte sie ihre Eltern verloren. Darum wohnte sie bei ihrer Großmutter. Die Oma sprach nicht gerne über die verstorbenen Eltern, denn es bedrückte sie zu sehr. Das Mädchen führte kein leichtes Leben, weil es ihrer Großmutter immer helfen musste. Diese war schon alt und gebrechlich und die tägliche Arbeit bereitete ihr viel Mühe. In ihrem Haus gab es kaum gelöste und frohe Stunden. Die schlimmen Erfahrungen der Vergangenheit belasteten ihr Gemüt. Oft war Debora traurig, wenn sie sah, wie die übrigen Kinder auf der Straße ausgelassen spielten. Doch so sehr sich die Großmutter ein leichteres Dasein für ihr Enkelkind wünschte, sie konnte nichts daran ändern. Sie hoffte nur, so lange zu leben und ihre Enkeltochter versorgen zu können, bis Debora erwachsen war. Bis dahin allerdings musste sie sich noch viele Jahre gedulden. Wenn Debora traurig war, erzählte die Großmutter gerne, woher der Name ihre Enkelin stammte. Vor einigen Generationen, in den Anfängen von Israel gab es eine große Prophetin und Richterin, auf die das Volk hörte. Sie war klug und weise und bekam oft Visionen, in denen Gott zu ihr sprach. Wie ihre Urahnin hoffte Debora, eines Tages genauso erfahren und weise zu werden. Die Voraussetzungen waren durchaus gegeben. Sie konnte aufmerksam zuhören, besaß eine gute Beobachtungsgabe und fand oft die richtigen Worte, um Trost zu spenden.

Einmal bekam die Großmutter hohes Fieber und Debora musste mehr arbeiten als gewöhnlich. „Ach, ich würde gerne meine Lasten und Sorgen mit jemandem teilen", dachte das Mädchen verzweifelt. Dabei erinnerte sie sich an Worte und Gerüchte, die viele Menschen damals in ihrer Umgebung erzählten. Sie sprachen von einem Messias, einem Erlöser und einem Heilbringer, und hofften mit seiner Hilfe auf eine Verbesserung ihrer Lebensumstände. Die Vorstellung jedoch, dass sie nur ein unbedeutendes, kleines Mädchen irgendwo in Israel war, fand Debora sehr entmutigend. Wo sollte so einer denn herkommen? Würde so jemand überhaupt bemerken, dass sie auf dieser Welt war?
Da sah Debora an einem frühen Abend im Winter am Himmel einen leuchtenden Stern. Sie wunderte sich, ihn zu sehen, obwohl es nicht einmal dunkle Nacht war. Diesen Stern hatte sie vorher noch nie gesehen. Er sah außergewöhnlich hell und strahlend schön aus. „Das muss ein gutes Zeichen sein", frohlockte sie in ihrem Herzen. So machte sie sich eilig auf den Weg zu ihrer besten Freundin Michal, um ihr den Stern zu zeigen und mit ihr darüber zu sprechen, was er wohl zu bedeuten habe. „Michal, schau nach oben, hast du ihn schon gesehen? Den Stern?" Doch als die Angesprochene in den Himmel blickte, konnte sie nichts Außergewöhnliches erkennen. „Siehst du ihn nicht, dort im Süden, hell und strahlend groß? Bist du denn blind?" so ärgerte sich Debora. Sie sah ihn deutlich und klar, so klar, wie ihre Freundin vor ihr stand. Michal sah tatsächlich nichts. Das war für sie normal. Da saß ein Bettler am Straßenrand und sie übersah ihn. Sie hätte sogar später geschworen, dass an der Straße niemand gesessen hatte. Es konnten im Frühling die Bäume grün werden und die Blumen wunderschön blühen, ohne dass Michal es bemerkte. Sie sah nur, was sie sehen wollte. Was sie nicht sehen wollte, sah sie auch nicht. Debora kannte andere Menschen, bei denen war das ähnlich. Sie machten sich einfach nicht in die Mühe, genau hinzusehen. Besaßen sie kranke Augen? Plagten sie vielleicht große Sorgen oder

waren sie mit den Gedanken schlicht woanders? Mit Michal also konnte sie den Stern nicht teilen.
So ging sie zu Daniel. Der war fast so alt wie die Großmutter. Er war der Gelehrte des Dorfes. Er las viel in den heiligen Schriften und wusste mehr von dem Messias als jeder andere im Ort. „Siehst du den Stern am Himmel, siehst du ihn?“ so kam Debora zu Daniel gerannt. „Ist das ein Hinweis auf den Messias?“ Doch der Weise ließ sich nicht unterbrechen. Er hatte seine Augen in ein altes Pergament versenkt und war mit seinen Gedanken tief darin eingetaucht. Außerdem rechnete er unaufhörlich mit seinen Fingern und das Blatt neben ihm war vollgekritzelt mit lauter Zahlen. Daniel errechnete mal wieder den Zeitpunkt für den Untergang der Welt. Das war eine seiner Lieblingsbeschäftigungen. Ablenkungen konnte er dabei nicht ertragen. Außerdem war er ein schlechter Zuhörer. So kam es vor, dass ihm jemand eine Frage stellte, und er mit einem langen Vortrag darauf reagierte. Er merkte er es dann gar nicht, wenn der Fragesteller entnervt verschwand. Auch heute hatte Debora keine Chance, mehr über den wunderbaren Stern zu erfahren.
So ging sie traurig nach Hause und kam bei Hannah vorbei. Hannah stand gerne vor der Tür, um mit den Vorbeigehenden ein kleines Schwätzchen zu halten. So konnte man Neues hören und Interessantes weitererzählen. Sollte Debora ihr den Stern zeigen, den sie am Himmel sah? Immerhin war das doch eine wichtige Neuigkeit. Sie wollte gerade beginnen: „Weißt du es schon Hannah, oben ...“, da fing diese sogleich zu erzählen an, wer im Augenblick im Dorf krank wer, welche kleinen und großen Untaten sich ereigneten und wer im Sterben lag. Hannah nahm sich kaum Zeit, Luft zu holen, von so vielen Begebenheiten musste sie gleichzeitig berichten. Jedes Mal, wenn Debora von dem Stern anfangen wollte, war Hannah schon wiederum bei einer neuen Geschichte. Resigniert ließ Debora den Kopf hängen und ging ihres Weges. Es war merkwürdig mit den Leuten, dachte sie. Die einen können nicht richtig sehen, die anderen

können nicht gut zuhören, und wieder andere sprechen, ohne nachzudenken. Warum verhalten sich die Menschen so?
Als die Nacht hereinbrach, wurde es Zeit, nach Hause zu gehen. Debora kam am Dorfbrunnen vorbei. Dort machte gerade der alte Schäfer Simon Rast und holte frisches Wasser für seine Hirtenfreunde. Das gehörte zu seinen Aufgaben – Tag für Tag.
Doch heute erschien der Hirte völlig verändert. Der alte Mann war in ein helles Licht eingetaucht, welches von dem Stern herkam. Er leuchtete strahlender als je zuvor. Das Gesicht von wirkte freudig erregt, und Glanz lag in seinen Augen. „Wenigstens einer, der den Stern sieht!“ dachte sich Debora. „Komm, Debora, schau dir diesen Stern an!“ so sprach der Hirte das Mädchen an. Er hatte sehr wohl bemerkt, dass er nicht mehr allein war. „Ja, ich habe ihn schon lange gesehen“, antwortete Debora, „aber warum können ihn nicht alle Menschen sehen, er ist doch unübersehbar. Michal, Daniel und Hannah sind wie blind. Sie haben ihn gar nicht zur Kenntnis genommen.“ „Ja, das glaube ich“, sagte Simon nachdenklich, „das ist ein außergewöhnlicher Stern, der nur mit den Augen der Sehnsucht sichtbar wird. Nur, wer auf ein Wunder wartet, kann ihn sehen.“ „Und wieso leuchtet er ausgerechnet in dieser Nacht? Und was ist das Besondere an diesem Stern?“ fragte das Mädchen. „Er ist ein Wegweiser zu dem Messias, er kommt heute zur Welt, für dich, für mich und für jeden, der ihn braucht. Er ist ein wenig so, wie dieser Stern. Wer ihn sucht und findet, erfährt den Frieden in seinem Herzen.“ „Warum sitzt du dann hier und folgst ihm nicht“, wunderte sich Debora. „Das ist ganz einfach“, antwortete Simon, „ich habe nur noch auf dich gewartet. Komm, wir wollen gemeinsam gehen.“

Der zweite Weihnachtstag

Kennst du das Sternzeichen Herz?
Es versteckt sich im Sternbild des Orion.
Dem Norden kündet es Kälte.
Dem Süden verheißt es Sonne.
Es wird mein Sternzeichen, wenn ich verreise.

31 Das Weihnachtsfest der Sternbilder

Es gibt Menschen, die können Zeichen am Himmel erkennen und deuten. Wenn Sterne heller leuchten als sonst, oder unbekannte Gestirne auftauchen, die bisher noch nie jemand gesehen hat. Es kann auch einfach nur in der Luft liegen. Solche Menschen der Nacht spüren sogleich, dass sie besondere Ereignisse anbahnen. Dazu gehören Hirten, die bei ihren Herden wachen. Sterndeuter aus dem Orient, die durch die Wüste ziehen mit ihren Karawanen. So muss es auch vor zweitausend Jahren gewesen sein. Könnt ihr schon ahnen, was sich damals nachts am Sternenhimmel ereignete? Der große und der kleine Wagen; die schöne Jungfrau, der stolze Schwan, der schnelle Adler und der Feuer speiende Drache - sie alle ahnten etwas, das bald zur Gewissheit wurde. „Der König der Welt kommt!" „Der Retter der Sterne", der „Herrscher des Weltalls". Nun richten wir doch einmal unseren Blick dorthin. Seht ihr schon den großen Wagen voller Anmut und Majestät? Für ihn stand fest: „Der Messias als winziges Kind? Es soll mir willkommen sein! In meinem großen Wagen gibt es viel Platz. Es kann spielen und sich austoben; es darf sich verstecken und Lichtjahre umherwandern – bei mir findet er einen wahrhaft königlichen Ort." Dies hörte der kleine Wagen. Manchmal war er neidisch auf seinen großen Bruder. So konnte er das majestätische Reden kaum ertragen und entgegnete ihm: „Na, wenn du dich mal da nicht vertust. Ein kleines Kind benötigt eher einen winzigen, kuscheligen Ort. Es soll sich doch wohlfühlen und braucht Geborgenheit und Nestwärme. Bei dir würde sich das Kind nur verirren. Möchtest du das? Lass es nur bei mir wohnen. Du kannst ja wie sonst auch auf mich aufpassen." Das ließ sich der große Wagen jedoch nicht gefallen. „Sag, was du willst, ein König sollte sich nur mit etwas Königlichem zufriedengeben. Ich bin der Richtige dafür. Das Sternenbild der Jungfrau hörte das Wagengezänk und schaltete sich direkt ein. „Was redet ihr zwei denn da. Habt ihr noch nicht in der Heiligen Schrift gelesen? Dort steht es schwarz auf weiß. ‚Siehe, die Jungfrau wird einen Sohn gebären, ein Kind wird sie empfangen.' Ich will mich ja nicht in den Vordergrund stellen. So etwas liegt mir von Natur aus fern, auch wenn ich wunderschön bin, wie die übrigen Sternbilder immer sagen. Falls Gott ein Einsehen hat, kommt das Neugeborene zu mir. Ich glaube, da gibt es weiter nichts zu reden.

Da waren die beiden Wagenbrüder natürlich sprachlos und wünschten sich, dass Gott doch anders entscheiden möge. Währenddessen machte Herkules wie üblich seine Kraftübungen; im Augenblick trainierte er besonders intensiv. „Du magst zwar schön sein, liebe Jungfrau, " und stemmte dabei mit Leichtigkeit seine Hanteln, „und ihr, meine Wagenbrüder, mögt viel Platz gemeinsam haben, wer kann sich jedoch mit meiner Kraft messen? Wer wird jedem Feind widerstehen? Niemand kommt an mir vorbei. Der König soll bei mir wohnen. Und damit ist das letzte Wort gesprochen!" Wenn Herkules sich da nur nicht irrte. Denn gegen das Feuer war er machtlos. Darüber sprach er zwar nicht gerne; es war jedoch eine Tatsache. Der schlaue Drache wusste das natürlich. Also drängte er sich in den Vordergrund mit von Stolz geschwellter Brust: „Mein Feuer verschlingt die Feinde – jeden Stern und jedes Lebewesen – alles, was kreucht und fleucht im Weltall und auf der Erde. Wie eine Dampfwalze werde ich den Weg des Kindes bahnen. Mir stellt sich keiner

in den Weg. Auf meinem Rücken ruht die Welt – und demnächst der König!"
‚Auf deinem Rücken' – ‚so dachte der Schwan, als er das hörte, ‚da wird es ziemlich ungemütlich sein. Mein Federkleid ist flauschig und bequem. Als ob ein König einen Drachen bräuchte. Wofür ist er dann ein König.' Mit sanfter Stimme sprach der Schwan also zu den anderen Sternbildern: „Wer passt im ganzen Universum besser auf seine Kinder auf als ich? Euer König ist doch noch klein. Ich bin die beste Mutter des Weltalls. Lasst mich das Kindlein wiegen."
Beim Fliegen jedoch hatte der Schwan eine mächtige Konkurrenz: den Adler. Er war majestätischer als der große Wagen und schneller als der Drache. Er versprach Sicherheit. In diesem Bewusstsein sprach er also: „Auf Adlerflügeln werde ich dich tragen, so heißt es in der Schrift. Lest genau nach. Der Herr sieht es so wie ich. Wie ein Pfeil werde ich das Kind vor allen Gefahren davontragen."
Wir könnten jetzt noch stundenlang, oder besser gesagt lichtjahrelang, den Sternbildern zuhören. Nachdem jeder seine Vorzüge angepriesen hatte, ging der Streit natürlich erst richtig los. Da dachte Gott bei sich: ‚Ich glaube, meine Sterne bringen da einiges durcheinander. Sie sollten lieber einmal auf die Erde schauen. Da tut sich im Augenblick etwas ganz Wichtiges für alle.' Nun, wenn Gott schon seinen Blick auf die Erde richtet, sollten wir es ihm gleichtun. Er schaute herab auf Israel, genauer auf den Weg von Nazareth nach Bethlehem. Da sehen wir sie kommen, Maria und Josef. Sie sind auf dem Weg in dieses kleine Dorf, weil die Römer eine Volkszählung durchführen und Josef nun einmal auf Grund seiner Stammeszugehörigkeit nach Bethlehem gehört. Beide sind voller Erwar-tung, aber nicht wegen der Römer, sondern Maria ist schwanger. Nicht die Sterne sollten den König der Welt beherbergen, Maria ist die Auser-wählte. Gott wollte nicht mehr, dass die Menschen länger leiden müssen und traurig sind. Er hatte die Absicht, sie wieder froh zu machen.

Im Augenblick wissen nur Maria und Josef um dieses Geheimnis und um diese wunderbare Nachricht. Bald jedoch sollte es die ganze Welt erfahren. Ja, nun sind sie in Bethlehem angekommen. Alle Herbergen sind belegt. Darum bleibt für die beiden nur ein Nachtquartier in einem Stall übrig. Dort wird ihr Kind Jesus geboren.
Und die Sterne – sie streiten sich noch immer. Doch weil Gott barmherzig und geduldig ist, schickt er seinen Erzengel Gabriel zu ihnen. Der hatte bisher schon oft für ihn gute Botendienste geleistet. Hören wir einmal, was er zu sagen hat.

Hallo, ihr Sterne überall,
streitet nicht, schaut auf den Stall.
Nur der den König wirklich find,
der klein und arm ist wie ein Kind.
Ihr Sterne strahlt mit hellem Schein,
dann wird's nicht länger dunkel sein.
Die Menschen sollen wissen wo
der König liegt auf Heu und Stroh.
Drum leuchtet hell und überall
und zeiget an den Weg zum Stall.

Da kamen die Sterne ins Nachdenken – der große und der kleine Wagen, die Jungfrau, Herkules und der Drache, der Schwan und der Adler. Schließlich wollten sie alle das Neugeborene sehen. Darum leuchteten sie vereint so stark, dass der Stall hell erleuchtet wurde.
Wir erinnern uns an die Hirten und an die Sterndeuter. Sie fanden den Weg zur Krippe unter dem strahlenden Sternenhimmel. Sie sahen das Kind und ihr Herz füllte sich mit der Hoffnung auf ein glückliches und erfülltes Leben.

Mach dein Herz offen, groß und weit.
Die Liebe braucht viel Raum und auch viel Zärtlichkeit.

32 Zum Schluss

Danke, dass du mit mir den Weg durch die Geschichten gegangen bist. Ich habe es in meinem Herzen dein Schmunzeln und Lächeln deutlich gespürt. Ich sah, dass du manchmal die Stirn gerunzelt hast. An einigen Stellen warst du traurig und hast dich gefreut über ein glückliches Ende. Hättest du gerne mehr erfahren von den kleinen und großen Helden meiner Geschichten? Würdest du auch gerne einmal auf eine Zeitreise nach dem verlorenen Wort Gottes gehen oder Ismael auf seinem Stein trösten?

Wenn du die Augen deines Herzens öffnest, wirst du erstaunliche Wunder erleben. So wie in meinen Erzählungen und noch viele andere mehr. Es werden die Wunder geschehen, die zu deinem Leben gehören. Behalte sich nicht für dich und schenke sie weiter an deine Freundinnen und Freunde, an deine Familie und an alle, die sich vorstellen können, dass das Herz eines jeden Menschen tausend Fenster hat.

Ein Weiser wurde einmal gefragt, wie er es schaffte, so viel Güte und Liebe im Herzen zu tragen. Er verstand diese Frage nicht und antwortete: „In diesem Augenblick stehst du mir gegenüber. Ich sehe in dir das göttliche Licht, das mich anlacht. Wie kann mein Herz anders handeln, als diese Liebe zu erwidern."

Wenn meine Geschichten bewirken, dass du den Menschen mit Achtung und Aufmerksamkeit begegnest, erfüllt sich das Wunder der Heiligen Nacht wieder neu. Es ist Gott, der dich berührt und dir sagen will: Vertraue, alles wird gut.